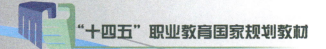

"十四五"职业教育国家规划教材

U0589665

"互联网+" 汽车车身维修技术
系列规划教材

汽车

车身检测与校正技术

◎ 何扬 主编

◎ 张成利 费维东 副主编

◎ 魏俊强 主审

人民邮电出版社
北 京

图书在版编目（CIP）数据

汽车车身检测与校正技术：AR版 / 何扬主编. --
北京：人民邮电出版社，2018.8（2024.5重印）
"互联网+"汽车车身维修技术系列规划教材
ISBN 978-7-115-48725-4

Ⅰ．①汽… Ⅱ．①何… Ⅲ．①汽车－车体－检测－教
材②汽车－车体－校正－教材 Ⅳ．①U463.820.7

中国版本图书馆CIP数据核字(2018)第139930号

内 容 提 要

  本书是"互联网+"汽车车身维修技术系列规划教材中的一本。全书共有 4 个模块，主要内容包括车身损伤分析、车身损伤测量、车身校正、车身故障排除等。每个模块涵盖多个学习任务，在每个学习任务后面还提供了基于 AR 技术的多媒体图片，装有"智慧书"App 的手机等移动终端扫描该图片后即可观看相应知识的短视频，并可进行在线答题及查看答案。

  本书既可作为职业院校汽车车身维修技术等专业的教材，也可作为相关从业人员的参考书。

◆ 主　　编　何　扬
　　副 主 编　张成利　费维东
　　主　　审　魏俊强
　　责任编辑　刘盛平
　　责任印制　马振武

◆ 人民邮电出版社出版发行　　北京市丰台区成寿寺路 11 号
　　邮编　100164　电子邮件　315@ptpress.com.cn
　　网址　http://www.ptpress.com.cn
　　固安县铭成印刷有限公司印刷

◆ 开本：787×1092　1/16
　　印张：10.5　　　　　　　　2018 年 8 月第 1 版
　　字数：249 千字　　　　　　2024 年 5 月河北第 7 次印刷

定价：45.00 元

读者服务热线：(010)81055256　印装质量热线：(010)81055316
反盗版热线：(010)81055315
广告经营许可证：京东市监广登字20170147号

序　言

今天，我国的汽车产业比历史上任何时期都更接近实现汽车强国目标。在这个伟大时代，我们投身于中华民族伟大复兴事业之中，我们是幸运的。

当前，全球正处于以信息技术、网络技术和大数据为主要支撑的技术剧烈变革期。"变"是主题，而如何求变才是我们的着力点。作为汽车产业民营教育的先行者之一，万通汽车教育应该、也有能力承担起引领汽车职业教育变革的责任。

我欣喜地看到，在汽车车身维修（钣金和喷涂）技术专业的教材中，出现了"AR 视频显示＋在线交互＋后台大数据"这些信息化的教学手段。我一直比较赞赏一些职业教育专家所倡导的职业教育教学模式转变就是要使学生"喜欢听、听得懂、用得上"的理念，让静态和动态相结合，让问题与答案交互进行，让老师的"教"和学生的"学"自然融为一体。这套教材就是上述理念的具体实践。

希望万通汽车教育模式的创新思维更多地与教学实践相结合，真正实现兴趣教育，使学生掌握真本领。最终目标只有一个：为建设创新型国家培养更多的"大工匠"。

中国汽车工程学会副秘书长
中国汽车职业教育集团理事长

编委会

前　言

一、编写本书的目的

随着我国汽车保有量的不断增加，汽车事故的发生率及事故车辆的维修数量明显增加，汽车维修行业高素质技能人才越来越紧缺。

互联网的飞速发展，让手机、网络、多媒体等占据了我们大部分的时间，让我们每时每刻都淹没在信息的海洋中。传统的理论多实践少、略显枯燥的纸质教材，给职业教育的人才培养带来了困扰。

职业教育的目标是让受教育者专注学习既专业又实用的知识，并经过脚踏实地的多次训练，真正掌握一门技能。2016 年 6 月，万通汽车教育与人民邮电出版社合作的"O2O 在线教育图解"系列教材出版，该系列教材附动画 / 高清视频二维码链接，集场景、知识、案例于一体，受到广大职业院校的认可和欢迎。2018 年，万通汽车教育与人民邮电出版社再度携手，推出了"互联网 +"汽车车身维修技术系列规划教材，为读者提供一种"知识讲解 +操作步骤演示 + 在线答题"全方位学习汽车车身维修技术的解决方案。

二、本书内容特点

本书根据汽车车身维修工作标准及规范，参考汽车车身维修技术专业标准编写而成。本书达到了"教学做一体化"的实用性目标，体现了产教融合的教学特点。

1．落实立德树人根本任务

本书依据专业课程的特点提出职业素养培养目标，弘扬了精益求精的专业精神、职业精神和工匠精神。

2．模块教学，任务驱动

本书采用"模块教学，任务驱动"的模式编写。全书共有 4 个模块，主要内容包括车身损伤分析、车身损伤测量、车身校正、车身故障排除等。每个模块涵盖多个学习任务，每个学习任务中按具体工作内容又设置"学习目标""相关知识""知识拓展""任务总结""问题思考"等环节。另外，书中还穿插了"提示""思考""案例分享"等小栏目，以拓展读者知识面，增加阅读兴趣。

3．校企合作，双元开发

本书由职业院校教师和企业专业技术人员共同开发，由教学经验丰富的教师执笔，企业提供真实项目案例。本书的理论知识与项目实践相结合，保证了教材的职业教育特色。

4．重在实操，资源丰富

本书结合文字内容以二维码的形式插入配套的教学视频，读者可通过手机等移动终端扫码学习。本书的每一个学习任务后面还提供了基于 AR 技术的多媒体图片（带"AR 汽车钣金"字样的图标），装有"智慧书"App 的手机等移动终端扫描该图片后即可观看相应知识的短视频，并可进行在线答题及查看答案。此外，本书还提供了 PPT 课件等教学资源，读者可登录人邮教育社区（www.ryjiaoyu.com）免费下载使用。

5．全彩印刷，制作精美

为了增加读者的学习兴趣，更直观地观察操作方法、实际工作情况，本书采用全彩印刷，让读者在赏心悦目的阅读体验中快速掌握汽车车身维修技术的各种技能。

三、致谢

2017 年全国职业院校汽车专业教师能力大赛维修钣金、维修涂装赛项专家组副组长，2018 年全国职业院校技能大赛汽车方向专家组成员何扬任本书主编并主持了全书的系统设计、编审及视频编导工作，辽宁省交通高等专科学校张成利和万通汽车教育研究院费维东任副主编，2017 年全国职业院校汽车专业教师能力大赛维修钣金赛项裁判长魏俊强高级工程师任主审。编委会顾问、丛书副主编、编委等对本书提出了很多积极的建议。万通汽车教育研究院王亮、杨九柱、邹强、伍炜、卢友淮、张国栋及朱雯负责审校。南京林业大学风景园林学院何疏悦副教授和万通汽车教育研究院叶永辉参与了整个系统的设计。安徽天恩信息科技有限公司江学如参与了系统设计并负责 AR 视频及交互系统软件的开发。中国汽车工程学会副秘书长、中国汽车职业教育集团理事长闫建来先生为本书作序。马鞍山斯潘内锡汽车维修设备有限公司提供了斯潘内锡大梁校正仪和 TOUCH 电子测量系统的资料和拍摄现场，珠海市龙神有限公司提供了相关大赛的项目设计及部分工艺条件，重庆市立信职业教育中心夏坤提供了发动机舱损伤评估项目的维修方案。万通汽车教育研究院朱雯、王亮、刘有龙、吴阳、刘伟、杜方刚等参与了视频制作。安徽天恩信息科技有限公司白伟和方勇参与了交互系统软件开发。人民邮电出版社对此项目高度重视，派出强有力的团队给予支持，在此一并表示感谢！

由于编者水平有限，书中难免存在不足，敬请读者批评指正。

编　者
2021 年 3 月

目　　录

模块一
车身损伤分析

学习任务一　车身整体碰撞分析

□ 学习目标 □

（1）理解影响碰撞变形的因素。
（2）掌握非承载式车身碰撞变形的类型。
（3）掌握承载式车身碰撞变形的类型。
（4）培养爱岗敬业的价值观，建立专业自信、实践创新的工匠精神。

□ 相关知识 □

汽车碰撞损伤的情况很复杂，这是因为碰撞损伤与碰撞障碍物、环境、车型、车速、碰撞部位、驾驶员应变能力和汽车防碰撞性能等因素有关。所以在做车身整体碰撞分析时，一定要了解影响碰撞变形的各种因素。

一、碰撞因素对汽车损伤的影响

汽车碰撞时，受损程度取决于事故发生时的状况。通过了解碰撞的过程，能够部分地确定汽车损伤状况。定损评估人员可以从驾驶员处得到关于事故状况的信息，并估算出修理的费用。因此，车身维修人员应与定损人员加强交流。同时，车身维修人员还应当考虑碰撞时驾驶员的反应情况、碰撞点位置的高低、碰撞物的差异、汽车行驶方向、被碰撞汽车的类型、碰撞力的方向等因素对汽车损伤的影响。

优秀的车身维修人员在深入掌握事故信息后，通常能够分析确定碰撞引起损伤的情况，从而制订更加合理的维修方案。

微课

职业素养

微课

工匠风采

1. 碰撞时驾驶员的反应情况对汽车损伤的影响

由于碰撞发生前驾驶员会有预先反应，因此汽车受损的部位会不同。例如，发现前方障碍物时，驾驶员的第一反应是要绕离危险区，多为向左转向，从而将副驾驶位置置于危险境地，汽车副驾驶一侧的侧面可能会被碰撞物蹭伤，如图1-1所示，严重时会引起汽车前部、中部或后部的凹陷或弯曲变形。如果驾驶员的反应是猛踩制动踏板，则损伤的范围就会是汽车的前部。

2. 碰撞点位置的高低对汽车损伤的影响

当发生正面碰撞时，由于惯性，车头前倾下沉，所以汽车的前部会受到损伤。当碰撞点在汽车前端较高部位（见图1-2）时，会引起车壳和车顶后移及后部下沉；当碰撞点在汽车前端较低部位（见图 1-3）时，车身惯性使汽车后部向上翘曲变形、车顶被迫上移，在车门的前上方与车顶板之间形成一个很大的裂口。

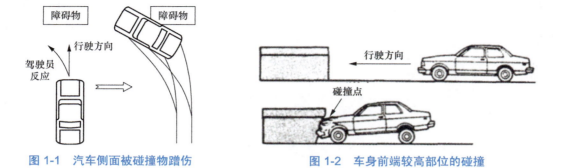

图 1-1　汽车侧面被碰撞物蹭伤　　　　　　图 1-2　车身前端较高部位的碰撞

图 1-3　车身前端较低部位的碰撞

3．碰撞物的差异对汽车损伤的影响

两辆相同的车，以相同的车速碰撞，当撞击对象不同时，撞伤结果差异很大。如图 1-4 所示，汽车撞上电线杆和撞上一堵墙壁，结果就大不一样。如果撞上墙壁，因碰撞面积较大，损伤程度就较轻；撞上电线杆，因碰撞面积较小，损伤程度就较重，汽车保险杠、发动机盖、水箱框架、水箱等部件都严重变形，发动机被后推，碰撞的影响扩展到后部的悬架等部位。

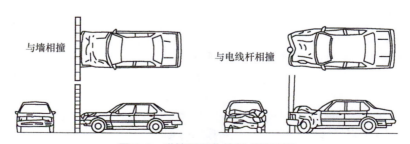

图 1-4　碰撞不同物体的碰撞结果

4．汽车行驶方向对汽车损伤的影响

如图 1-5 所示，当横向行驶的汽车撞击纵向行驶汽车的侧面时，纵向行驶汽车的中部会产生凹陷或弯曲变形，而横向行驶汽车除产生压缩变形外，还会被纵向行驶的汽车向前牵引，导致弯曲变形。

从此例可以看出，横向行驶的汽车虽然只有一次碰撞，但损伤却发生在 2 个方向上，这种情况常常在十字路口汽车碰撞事故中见到。

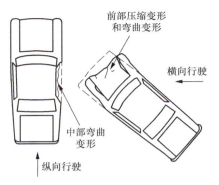

图 1-5　车辆侧部碰撞

提示

以上的几种分析，看似很简单，其实很重要。一个优秀的汽车钣金修复技师，通过对受损车辆的外观检查就可以判断出很多对维修工作有价值的信息，以便设计出有效的维修方案。

5．被碰撞汽车的类型对汽车损伤的影响

不同类型的汽车发生碰撞时，产生的变形也不一样。由图 1-6 和图 1-7 所示可以看出，碰撞汽车质量越大，被碰撞汽车的变形和损伤就越大。

图 1-6　两辆普通汽车碰撞

图 1-7　一辆普通汽车和一辆越野车碰撞

6．碰撞力的方向对汽车损伤的影响

碰撞造成的损伤程度还取决于碰撞力相对于汽车质心的方向。如图 1-8 所示，碰撞力的延长线不通过汽车的质心时，一部分冲击力将形成使汽车绕着质心旋转的力矩，该力矩使汽车旋转，从而减少了冲击力对汽车零部件的损伤；碰撞力的延长线通过汽车的质心时，汽车就不会旋转，大部分能量将被汽车零件吸收，造成的损伤是非常严重的。

提示

一些车辆受损后，虽然外部受损情况基本一样，但内部受损情况却有着极大的差别，所以对车身维修时，必要的拆卸有助于进行更准确的损伤分析。

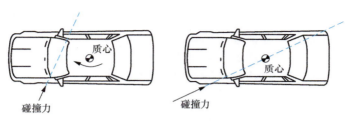

图 1-8 碰撞力的方向对损伤程度的影响

二、非承载式车身的碰撞变形

非承载式车身由车架及围接在其周围的覆盖件组成，车身的前部和后部具有上弯的结构，碰撞时会变形，但可保持车架中部结构的完整性。图 1-9 中圆圈圈出的部位为非承载式车身上较柔和的部位，主要用来缓冲碰撞冲击。车身与车架之间有橡胶垫隔开，橡胶垫能减缓从车架传至车身的振动效应。遇有强烈振动时，橡胶垫上的螺栓可能会折弯，并导致车架与车身之间出现裂缝。碰撞时由于振动的大小和方向不同，车架可能遭受损伤而车身没有受损。车架的中部较宽，可以抵挡从侧面来的碰撞冲击，以保护乘员的安全。

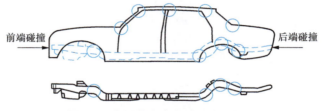

图 1-9 非承载式车身碰撞变形部位

车架是否变形，可通过比较车门槛板与车架前后之间的空间尺寸、前翼子板与轮罩前后之间的空间尺寸，以及前保险杠上的后孔到前车架钢梁总成之间的空间尺寸的大小来确定。

车架受撞时的变形是按左右弯曲、上下弯曲、断裂变形、菱形变形和扭转变形的顺序进行的，维修时则是按照与碰撞发生的相反顺序进行的，即先修最后发生的损伤。

1. 左右弯曲变形

当汽车一侧被碰撞时应观察被撞一侧钢梁的内侧及另一侧钢梁的外侧是否有皱曲，车门长边上有无裂缝，短边上是否有皱褶，汽车被撞一侧是否有明显的碰撞损伤，车身和车顶盖是否有错位等情况，根据观察到的情况可确定汽车是否发生左右弯曲变形。图 1-10 所示为车架前部、中部和后部的左右弯曲变形。

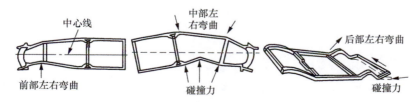

图 1-10 车架前部、中部、后部的左右弯曲变形

2. 上下弯曲变形

当汽车被撞后，如果车身外壳表面比正常位置低，结构上也有后倾现象，这就说明车架发生了上下弯曲变形（见图 1-11）。

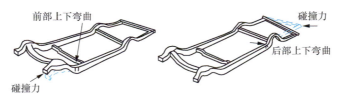

图 1-11　车架前部和后部的上下弯曲变形

直接碰撞汽车的前部或后部，会使汽车在一侧或两侧发生上下弯曲变形。可以从翼子板与门之间的上下缝隙是否顶部变窄、下部变宽，车门在撞击后是否下垂，判别出是否有上下弯曲变形。大多数车辆碰撞损伤后，即使在车架上看不出皱褶和扭曲，但通常也会有上下弯曲变形。

3. 断裂变形

汽车发生碰撞后，当观察到以下现象时，就表明车身上发生了断裂变形（见图 1-12）：发动机盖前移或后车窗后移；车身上的某些部件或车架元件的尺寸小于标准尺寸；车门可能吻合得很好，但挡板、车壳或车架的拐角处有皱褶或有其他严重的变形；车架在车轮挡板圆顶处向上提升，引起弹性外壳损坏，保险杠有一个非常微小的垂直位移。

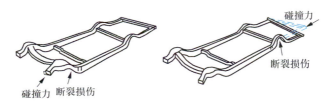

图 1-12　车架的断裂变形

4. 菱形变形

当车辆前部（或后部）的任一侧角或偏心点受到撞击时，车架的一侧向后（或向前）移动，车架或车身歪斜为近似平行四边形的形状，这种变形称作菱形变形（见图 1-13）。菱形变形是整个车架的变形，可以明显看到发动机盖及行李舱盖发生错位，在接近后车轮罩的相互垂直的钢板上或在垂直钢板接头的顶部可能出现皱褶，在乘员室及行李舱地板上也可能出现皱褶和弯曲。此外，菱形变形还会附加有许多断裂及弯曲的组合损伤，但菱形变形很少发生在承载式车身上，因为承载式车身会把碰撞力分散到整个车身，从而有效地抵抗菱形变形的发生。

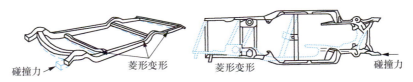

图 1-13　车架的菱形变形

5．扭转变形

当汽车高速撞击到路沿石或路中隔离栏，或车身后侧角端发生碰撞时，就可能发生扭转变形（见图1-14）。发生扭转变形后，汽车的一角会比正常情况高，而相反的一角则会比正常情况低；汽车的一角会前移，而邻近的一角很可能被扭转向下。若汽车的一角下垂接近地面，就应对汽车进行扭转损伤检查，在钢板表面检查可能看不出任何明显的损伤。

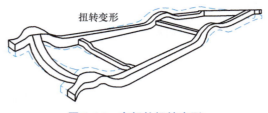

图1-14　车架的扭转变形

要特别注意的是，扭转变形往往隐藏在底层，在钢板表面检查可能看不出任何明显的损伤。

提示

　　非承载式车身的汽车由于其结构特性，车身和车架可以单独维修，由碰撞所产生的变形相互影响的要素较少，所以，维修难度要小于承载式车身的汽车。

三、承载式车身的碰撞变形

承载式车身结构的碰撞损伤是按弯曲变形、断裂变形、增宽变形和扭转变形的顺序进行的。

1．弯曲变形

在碰撞的瞬间，由于汽车结构具有弹性，碰撞振动传递到较远距离的大部分区域，从而引起中央结构上横向及垂向的弯曲变形。左右弯曲变形通常通过测量宽度或对角线来判别，上下弯曲变形通常通过测量车身部件的高度是否超出配合公差来判别。与非承载式车身结构的弯曲变形相似，这一变形可能仅发生在汽车的一侧，如图1-15所示。

2．断裂变形

如图1-16所示，在碰撞过程中，碰撞点会产生显著的挤压，碰撞的能量被结构的折曲变形吸收，以保护乘员室。而较远距离的部位则可能会皱褶、断裂或者松动。通过测量车身部件长度是否超出配合公差来判别是否为断裂变形。

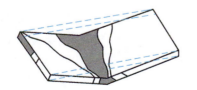

图1-15　承载式车身的弯曲变形示意图

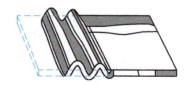

图1-16　承载式车身的断裂变形示意图

3．增宽变形

如图1-17所示，增宽变形与非承载式车身上的左右弯曲变形相似，可以通过测量车身高度和宽度是否超出配合公差来判别。对于性能良好的承载式车身来说，碰撞力会使侧面结构偏向外侧弯曲，偏离乘员，同时纵梁和车门缝隙也将变形。

4．扭转变形

如图 1-18 所示，承载式车身的扭转变形与非承载式车身相似，可以通过测量车身部件的高度和宽度是否超出配合公差进行判别。由于扭转变形是碰撞的最后结果，即使最初的碰撞直接作用在中心点上，再次的冲击还是能够产生扭转力从而引起汽车结构扭转变形。

 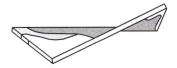

图 1-17　承载式车身的增宽变形示意图　　　　图 1-18　承载式车身的扭转变形示意图

除无菱形变形外，承载式车身和非承载式车身上的变形类型是极为相近的，但是承载式车身的损伤要复杂得多。承载式车身的修理与非承载式车身的修理步骤一样，也采用"后进先出"的方法，即首先校正最后发生的损伤。

□ 知识拓展 □

（1）汽车车身检测与校正是汽车车身维修中较深层次的内容，读者需要对本系列书的前面三本有较为完整的学习和理解，才能综合应用相关专业知识和技能，对汽车结构的损伤进行维修与校正。

（2）承载式车身的碰撞变形有哪几种？各使用什么样的测量方法进行损伤分析？

（3）非承载式车身碰撞损伤分析和承载式车身碰撞损伤分析有什么不同？

□ 任务总结 □

车身整体碰撞分析

微课

车身整体碰撞分析

1．碰撞时驾驶员的反应情况对汽车损伤的影响

由于碰撞发生前驾驶员会有预先反应，不同的反应会导致汽车受损部位的不同。

2．碰撞点位置的高低对汽车损伤的影响

当碰撞点在汽车前端较高部位时，会引起车壳和车顶后移及后部下沉；当碰撞点在汽车前端较低部位时，车身惯性使汽车后部向上翘曲变形、车顶被迫上移，在车门的前上方与车

顶板之间形成一个很大的裂口。

3. 碰撞物的差异对汽车损伤的影响

两辆相同的车，以相同的车速碰撞，当撞击对象不同时，撞伤结果差异就很大。

4. 汽车行驶方向对汽车损伤的影响

横向行驶的汽车撞击纵向行驶汽车的侧面时，两车损伤的部位和损伤程度不一样。

5. 被碰撞汽车的类型对汽车损伤的影响

不同类型的汽车发生碰撞时，产生的变形不一样。

6. 碰撞力的方向对汽车损伤的影响

碰撞造成的损伤程度还取决于碰撞力相对于汽车质心的方向。碰撞力的延长线不通过汽车的质心时，一部分冲击力将形成使汽车绕着质心旋转的力矩，该力矩使汽车旋转，从而减少了冲击力对汽车零部件的损伤；碰撞力的延长线通过汽车的质心时，汽车就不会旋转，大部分能量将被汽车零件吸收，造成的损伤是非常严重的。

7. 非承载式车身变形

非承载式车身结构的碰撞损伤是按左右弯曲、上下弯曲、断裂变形、菱形变形和扭转变形的顺序进行的。

8. 承载式车身变形

承载式车身结构的碰撞损伤是按弯曲变形、断裂变形、增宽变形和扭转变形的顺序进行的。

9. 车身校正的顺序

承载式车身与非承载式车身的修理步骤一样，也采用"后进先出"的方法，即首先校正最后发生的损伤。

口 问题思考 口

（1）影响碰撞变形的因素有哪些？
（2）非承载式车身碰撞时，变形发生的顺序是什么？维修顺序是什么？
（3）承载式车身碰撞时，变形发生的顺序是什么？维修顺序是什么？

学习任务二 车身结构件碰撞分析

口 学习目标 口

（1）了解承载式车身碰撞力的传递路径。
（2）了解承载式车身的碰撞吸能区。
（3）了解汽车前部碰撞、中部碰撞、后部碰撞和顶部碰撞对车身结构件的损伤情况。
（4）培养独立自主意识，具备专业报国的责任感和使命感。

口 相关知识 口

承载式车身拆掉发动机盖、前翼子板、车门、车顶盖、后翼子板和行李舱盖等覆盖件后，如图 1-19 所示，剩下的是一个承载式车身的骨架。构成该骨架的车身板件都属于车身结构件，

主要包括前保险杠、后保险杠、前纵梁、后纵梁、挡泥板、A柱、B柱、C柱、门槛板、地板、车顶梁、地板梁、前隔板和后隔板等。

　　要分析汽车碰撞后车身结构件的变形情况，我们首先要了解一下承载式车身上碰撞力的传递路径和某些结构件上存在的吸能区，然后按照前部碰撞、中部碰撞和后部碰撞等几种情况分析车身结构件在碰撞中的变形情况。当然，碰撞情况是多样且复杂的，无论是方向、角度、碰撞物等都是不确定的，我们对汽车前部碰撞、中部碰撞和后部碰撞的分析只是针对一些常见的情况，从专业知识角度进行的，在实际的维修过程中还是要具体问题具体对待，而不可能完全一致。

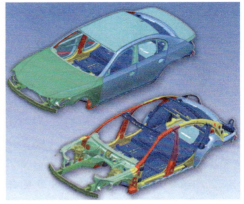

图 1-19　承载式车身

一、承载式车身碰撞力的传递路径

　　承载式车身的碰撞损伤可以用图 1-20 所示的圆锥图形法进行分析。将目测撞击点作为圆锥体的顶点，圆锥体的中心线表示碰撞的方向，其高度和范围表示碰撞力穿过车身壳体后扩散的区域。圆锥体顶点通常为主要的受损区域。

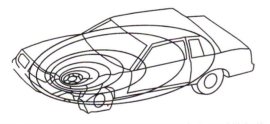

图 1-20　用圆锥图形法分析承载式车身的碰撞损伤

1. 承载式车身正面碰撞时力的传递路径

　　正面碰撞时，力通过防撞梁传递到车辆上。固定在防撞梁支架上的防撞元件继续将力传递到前纵梁及发动机支架内。前防撞梁与前纵梁共同作用，有目的地实现变形吸能作用。即使车辆的碰撞接触面很小，碰撞力也能通过防撞梁、前纵梁和前围板分散到车辆左右两侧，如图 1-21 所示。

提示

　　在实际碰撞中，车身上还有其他附件，在损伤分析时也要考虑到，如碰撞力会沿着水箱大框、翼子板副梁、A柱传递到车身侧面。

　　同时，碰撞力通过发动机支架继续分散到地板总成，通过发动机至前隔板加强件又传递到变速器传动轴盖板，通过车轮传递到轮罩内车门槛加长件的变形吸能区以及A柱加强区域和侧框架。

　　如图 1-22 所示，碰撞力会通过防撞梁支座和轮罩上的支架传递到侧框架。通过防撞梁支座后的支架变形吸能区可以限制传递到A柱上的力，同时可以降低A柱附近车厢的负荷。

图1-21　正面碰撞时力的传递路径

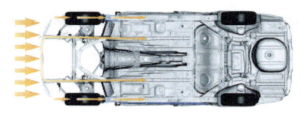

图1-22　正面碰撞时地板上力的传递路径

2. 承载式车身侧面碰撞时力的传递路径

如果可移动障碍物从侧面碰撞到车辆，那么碰撞力首先从侧面防撞保护件和车门锁传递到A柱、B柱和C柱。此外，车门内板也会支撑在车门槛上（通过结构上的重叠实现）。这样整个侧围板即可非常牢固地连接在一起。这表示从这个阶段起，碰撞力通过整体式的侧框架结构作用在车厢上，如图1-23所示。

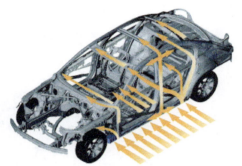

图1-23　侧面碰撞时力的传递路径

如果碰撞更严重，那么车门槛将相应的力通过地板和地板的后部横梁，传递至车身的另一侧。与此同时，力也会通过车顶传向对侧。在不带活动天窗的车辆上，车顶弓形架的作用是将力传递至车辆另一侧；在带有活动天窗的车辆上，刚性很强的活动天窗框架可将力继续传递到对侧。如果B柱变形后挤压座椅，那么坚硬的座椅架会将所受到的力通过变速器传动轴盖板传递到车辆对侧。

提示

车门内一般都有防撞梁，在发生侧面碰撞时可以起到保护乘员的作用。

3. 承载式车身尾部碰撞时力的传递路径

发生尾部碰撞时，碰撞力通过保险杠支架及变形元件传递到车辆两侧，如图1-24所示。碰撞速度低于15km/h时，这些变形元件可以用较低的维修费用更换；碰撞速度较高时，各纵梁才会出现变形现象。通过后桥架梁和车轮作用在车辆整个宽度上的负荷由后部地板和整个车门槛承受。在上部区域，力主要由后部侧围吸收及传递；侧围将力传递至C柱和车顶，同时将一部分力通过车门向前传递。

车尾碰撞时地板上力的传递路径如图1-25所示。在侧框架和后桥架梁承受高负荷的区域安装了附加的加强件。其他碰撞力通过传动轴传递到发动机和变速器上。此外，传动轴也是特殊的变形吸能区，铝合金传动轴由中间轴承的锥形法兰吸能，钢传动轴由反拉伸管吸能。

图 1-24　车尾部受碰撞时侧围板内力的传递路径

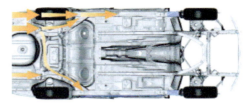

图 1-25　车尾碰撞时地板上力的传递路径

由于后桥前的燃油箱位置比较有利，所以车尾碰撞时一般不会造成燃油系统的损伤。

二、承载式车身的吸能区

由薄钢板连接成的车身壳体，在碰撞中能吸收大部分碰撞能量。其中一部分碰撞能量被碰撞区域的部件变形吸收掉，另一部分碰撞能量会通过车身的刚性结构传递到远离碰撞的区域，这些被传递的碰撞能量引起的影响称为二次损伤。二次损伤会影响承载式车身的内部结构或与被撞击相反一侧的车身。

为了控制二次损伤变形，汽车在前部和后部设计了吸能区（抗挤压区域），如图 1-26 所示。前保险杠支撑、前纵梁、前挡泥板、发动机盖、后保险杠支撑、后纵梁、后挡泥板、行李舱盖等部位，都设计为波纹或局部强度弱化结构，如图 1-27 所示。在受到撞击时，这些部位会按照预定的形式折曲，碰撞振动波在传送过程中就被

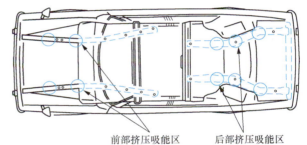

前部挤压吸能区　　后部挤压吸能区

图 1-26　承载式车身的吸能区

大大削减直至消散。中部车身有很高的刚性，它把前部（或后部）吸能区不能完全吸收的能量传递到车身的后部（或前部），引起远离碰撞点部件的变形，从而保证中部乘员室的结构完整及乘员的安全。这是现代汽车安全性设计的一个重要特点。

波纹

局部强度弱化

波纹

波纹　　波纹

图 1-27　前部车身的吸能区

思考

车身为什么要设计碰撞吸能区？

在所有碰撞中，超过 70% 的碰撞发生在汽车的前部。在碰撞力比较小时，由前部的保险杠、保险杠支撑等结构的变形来吸收能量。在碰撞力比较大时，由前部的纵梁等结构的变形来吸收能量。如图 1-28 所示，前纵梁抵抗弯曲破坏的能力很强，但是它的某些特定的部位被设置成吸能区，严重碰撞时这些吸能区会压缩变形，所以前纵梁不仅有承载前部其他部件和载荷的作用，还作为主要吸能元件通过变形吸收碰撞能量。

当碰撞发生在车身中部时，碰撞能量通过车门、门槛板、B 柱等部件的变形来吸收。为了保证乘员室的完整及乘员的安全，车身中部是没有吸能区的，在车身中部的区域如 B 柱、门槛板会采用一些高强度钢板甚至超高强度钢板，在车门内部采用超高强度钢制造加强防撞杆（板）来保护乘员安全，如图 1-29 所示。

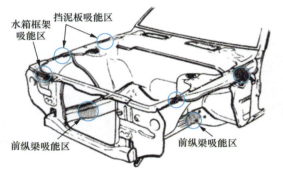

图 1-28　承载式车身的前部吸能区

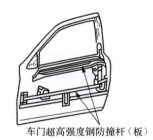

图 1-29　车门内的超高强度钢防撞杆（板）

如果吸能区在设计中没有很好地考虑吸能效果，或者不恰当的修复破坏了吸能区的结构，那么吸能区将不能很好地吸收碰撞能量，从而造成中部乘员室严重变形，威胁乘员的安全。图 1-30 所示为吸能区性能不同的两辆车碰撞结果的对比，由于白色车辆吸能区性能差，碰撞后导致乘员室变形严重。

图 1-30　吸能区性能不同的两辆车碰撞结果的对比

提示

车辆碰撞后，如果吸能区发生变形，通常情况下就不要试图修复了，必须更换。

三、承载式车身的碰撞分析

1. 汽车前部碰撞变形

图 1-31 所示为一辆汽车发生前部碰撞时的变形情况。前部碰撞的冲击力取决于汽车的质量、速度、碰撞范围及碰撞物。碰撞程度比较轻时，前保险杠被向后推，前纵梁、前保险杠支撑、前翼子板、散热器支座、散热器上支撑和机罩锁紧支撑等会折曲。

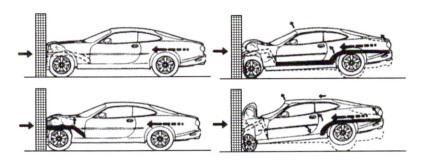

图 1-31 汽车前部碰撞变形过程

如果碰撞的程度剧烈，那么前翼子板就会弯曲而触到前车门，发动机盖铰链会向上弯曲至前围板的上盖板，前纵梁也会折弯到前悬架横梁上并使其弯曲。如果碰撞力足够大，前挡泥板及 A 柱（特别是前门铰链上部装置）将会弯曲，并使车门松垮掉下。另外，前纵梁会发生皱褶，前悬架构件、前围板和前车门平面也会弯曲。

如果从某一角度进行正面碰撞，前纵梁的连接点就会成为旋转中心。由于左面和右面的前侧构件是通过前横向构件连接在一起的，碰撞引起的振动就会从碰撞点一侧传递至另一侧的前部构件并引起其变形，如图 1-32 所示。

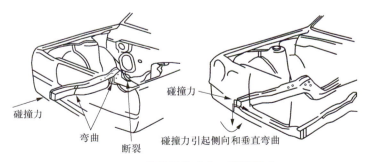

碰撞力　碰撞力　弯曲　断裂　碰撞力引起侧向和垂直弯曲

图 1-32 前纵梁的弯曲及断裂效应

2．汽车中部碰撞变形

当发生中部侧面碰撞时，车门、前部构件、B 柱以及地板都会变形。如果中部侧面碰撞比较严重，车门、B 柱、车门槛板、顶盖纵梁都会严重弯曲，甚至相反一侧的 B 柱和顶盖纵梁也朝碰撞相反方向变形。随着碰撞力的增大，车辆前部和后部会产生与碰撞方向相反的变形，整个车辆会变成弯曲的香蕉状，如图 1-33 所示。

如图 1-33 所示，当前翼子板或后顶盖侧板受到垂直方向较大的碰撞力时，振动波会传递到汽车相反一侧。当前翼子板的中心位置受到碰撞时，前轮会被推进去，振动波也会从前悬架横梁传至前纵梁。这样，悬架元件就会损伤，前轮的中心线和基线也都会改变。发生侧向碰撞时，转向装置的连杆及齿轮齿条的配合也将被损伤。

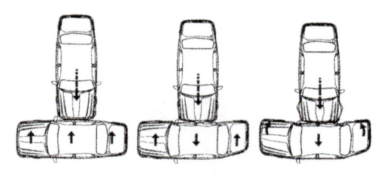

图 1-33　汽车中部碰撞变形过程

3．汽车后部碰撞变形

汽车后部碰撞时，其受损程度取决于碰撞面的面积、碰撞时的车速、碰撞物及汽车的质量等因素。

如图 1-34 所示，如果碰撞力小，后保险杠、后地板、行李舱盖及行李舱地板可能会变形；如果碰撞力大，相互垂直的钢板会弯曲，后顶盖顶板会塌陷至顶板底面，而对于四门汽车，其 B 柱也可能会弯曲。

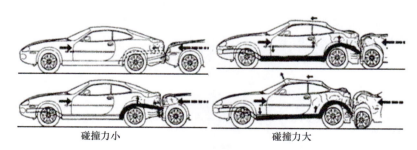

碰撞力小　　　　　　　　　　　碰撞力大

图 1-34　汽车后部碰撞力不同时的受损情况

由于汽车的后部有吸能区，发生后部碰撞时，一般只有车身后部发生变形，这样可以保护中部乘员室的完整和乘员的安全。

4．汽车顶部碰撞变形

当坠落物体砸到汽车顶部时，除车顶钢板受损外，车顶纵梁、后顶盖侧板和车窗也可能同时被损伤。在汽车发生翻滚时，车顶盖、立柱及车下部的悬架会严重损伤，悬架固定点的部件也会受到损伤。

如果车身立柱和车顶钢板弯曲，那么相反一端的立柱同样也会受到损伤。由于汽车倾翻的形式不同，车身的前部及后部部件的损伤也不同。就这些情况而言，翻滚碰撞变形对汽车的损伤程度可通过车窗及车门的变形状况来确定，如图1-35所示。

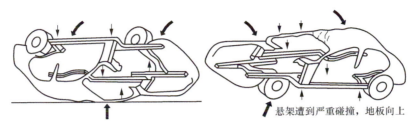

悬架遭到严重碰撞，地板向上

图 1-35　汽车翻滚碰撞变形过程

通过上述对汽车前部、中部、后部和顶部碰撞变形的分析，我们应该能够知道一辆受到碰撞损伤的车辆大概会有哪些板件发生变形损伤，那么这些受损的板件到底应该维修还是更换呢？通常我们认为，如果维修费用大于或接近更换费用，则更换是合理的；如果维修费用远小于更换费用，则维修是合理的。还有一些板件是用超高强度钢制成的（如车门防撞杆），一旦发生变形，通过现有的维修手段极难恢复其原状，所以这类板件只能更换。

□ 知识拓展 □

（1）汽车中部车身结构件是如何保护驾驶员和乘员的安全的？

（2）在发生严重前部碰撞时，发动机会被挤入驾驶室，威胁驾驶员生命，所以现在的汽车在设计时会采用不同的设计方案以保护乘员安全。

（3）理论分析和实际情况是有差异的。实际碰撞所造成的损伤与多种因素相关。事实上，发动机舱内的其他部件在受到前方碰撞时也会对碰撞起到一定的衰减作用。在维修的时候要根据实际情况进行检测并做出判断。

□ 任务总结 □

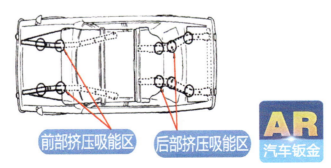

前部挤压吸能区　　后部挤压吸能区

车身结构件碰撞分析

微课

车身结构件碰撞
分析

1. 二次损伤

在碰撞中，由薄钢板连接成的车身壳体能吸收大部分的碰撞能量。其中一部分碰撞能量被碰撞区域的部件变形吸收掉，另一部分碰撞能量会通过车身的刚性结构传递到远离碰撞的区域，这些被传递的碰撞能量引起的影响称为二次损伤。

2. 吸能区

前保险杠支撑、前纵梁、前挡泥板、发动机盖、后保险杠支撑、后纵梁、后挡泥板、行李舱盖等部位，都设计为波纹或局部强度弱化结构。在受到撞击时，这些部位就会按照预定的形式折曲，碰撞振动波在传送过程中就被大大减小直至消散。

3. 中部车身刚性

中部车身有很高的刚性，它把前部（或后部）吸能区不能完全吸收的能量传递到车身的后部（或前部），引起远离碰撞点部件的变形，从而保证中部乘员室的结构完整及乘员的安全。

4. 车身中部没有吸能区

当碰撞发生在车身中部时，碰撞能量通过车门、门槛板、B 柱等部件的变形来吸收。为了保证乘员室的完整及乘员的安全，车身中部是没有吸能区的，在车身中部的区域如 B 柱、门槛板会采用一些高强度钢板甚至超高强度钢板，在车门内部会采用超高强度钢板制造加强防撞杆（板）来保护乘员安全。

5. 前部碰撞

前部碰撞的冲击力取决于汽车的质量、速度、碰撞范围及碰撞物。碰撞程度比较轻时，前保险杠被向后推，前纵梁、前保险杠支撑、前翼子板、散热器支座、散热器上支撑和机罩锁紧支撑等会折曲。如果碰撞的程度剧烈，那么前翼子板就会弯曲而触到前车门，发动机盖铰链会向上弯曲至前围板的上盖板，前纵梁也会折弯到前悬架横梁上并使其弯曲。如果碰撞力足够大，前挡泥板及 A 柱（特别是前门铰链上部装置）将会弯曲，并使车门松垮掉下。另外，前纵梁会发生皱褶，前悬架构件、前围板和前车门平面也会弯曲。

6. 中部碰撞

当发生中部侧面碰撞时，车门、前部构件、B 柱以及地板都会变形。如果中部侧面碰撞比较严重，车门、B 柱、车门槛板、顶盖纵梁都会严重弯曲，甚至相反一侧的 B 柱和顶盖纵梁也朝碰撞相反方向变形。随着碰撞力的增大，车辆前部和后部会产生与碰撞方向相反的变形，整个车辆会变成弯曲的香蕉状。

7. 后部碰撞

汽车后部碰撞时，其受损程度取决于碰撞面的面积、碰撞时的车速、碰撞物及汽车的质量等因素。如果碰撞力小，后保险杠、后地板、行李舱盖及行李舱地板可能会变形；如果碰撞力大，相互垂直的钢板会弯曲，后顶盖顶板会塌陷至顶板底面，而对于四门汽车，车身 B 柱也可能会弯曲。

8. 顶部碰撞

当坠落物体砸到汽车顶部时，除车顶钢板受损外，车顶纵梁、后顶盖侧板和车窗也可能同时被损伤。在汽车发生翻滚时，车顶盖、立柱及车下部的悬架会严重损伤，悬架固定点的部件也会受到损伤。

□ 问题思考 □

（1）承载式车身中哪些结构件有吸能区？

（2）什么是二次损伤？

（3）汽车前部剧烈碰撞时，哪些板件可能会变形？

（4）汽车中部碰撞比较严重时，哪些板件可能会变形？

学习任务三　碰撞损伤直观分析

□ 学习目标 □

（1）了解损伤诊断的程序。

（2）了解损伤评估时的安全注意事项。

（3）掌握目测法的应用。

（4）培养安全意识、规范意识和环保意识，养成遵守行业标准和规范的习惯。

□ 相关知识 □

碰撞损伤的直观分析主要是通过目测判断出车身受到了哪些损伤，损伤大概波及哪些部件。然后我们才可以有的放矢地进行一些具体的检查，这样可缩小检查的范围，减少工作量，从而提升车身维修的工作效率。

一、损伤诊断的程序

1. 碰撞损伤修复的概念

汽车碰撞损伤修复的主要过程通常包括校正车身中发生弯曲、扭转、偏斜等变形的板件，更换严重损伤的板件，调整、装配车身部件等。在进行修复程序之前，先要对受到碰撞损伤的车辆进行全面、细致的损伤评估。图1-36所示为汽车碰撞损伤的主要修复步骤。

当损伤的汽车被送进车身修复车间时，有关修复的技术资料，如损伤情况评估、修理工艺和工作安排等文件也应一并送到车身修理人员手中。车身修理人员在按照这些书面指示进行工作时，也可能找到一些未被发现的损伤，或认为对某些损伤评估过低，这就需要对汽车的损伤情况进行补充诊断和重新评估。根据新的损伤评估决定修复方法后，就可以对车身进行修复了。

要彻底修复好一辆车，首先要对其碰撞受损情况做出全面、准确的诊断，确定受损的严重程度、范围及受损部件，依此制订修复计划。一个有经验的车身修理人员一定会把大量的精力用在损伤评估上，因为一旦在修复中发现新的损伤情况，修复的方法及工序必将随之改变，这会浪费大量

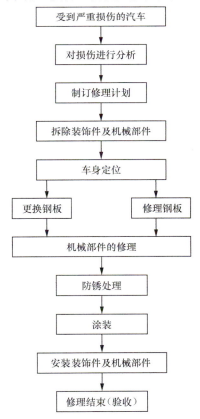

图1-36　汽车碰撞损伤的主要修复步骤

的人力、物力和时间。因此，进行彻底的、精确的损伤诊断是高质量、高效率修复的基础。

定损人员和车身修理人员在损伤诊断检查中，通过目测方式不会遗漏掉明显的损伤，但常会忽略这些损伤对于其他系统的影响及发生在远离碰撞部位的损伤。因此，除用目测方式进行诊断外，还应该使用精确的工具及设备来测量、评估受损汽车，为后续的车身修复工作打下良好的基础。

2. 汽车碰撞损伤诊断的基本步骤

汽车碰撞损伤诊断的基本步骤如下所述。

（1）了解汽车车身构造的类型。

（2）目测确定碰撞的位置。

（3）目测确定碰撞的方向及碰撞力的大小，并检查可能的损伤。

（4）确定损伤是否限制在车身范围内，是否还包括功能部件或元件（如车轮、悬架、发动机等）。

（5）沿着碰撞路线系统地检查部件的损伤情况，直到没有任何损伤痕迹的位置。例如，通过检查车身外部板件的配合间隙来确定立柱是否损伤，如图1-37所示。

 提示

过去有经验的钣金师傅就是靠观察车身板件的配合间隙来确定车身的损伤情况的，所以观察要仔细，不要放过任何一个细节。

图1-37　检查车身外部板件的配合间隙来确定立柱是否损伤

（6）测量汽车的车身结构尺寸，并与维修手册车身尺寸图表上的标定尺寸比较。简单的测量用轨道式量规（见图1-38）或定心量规即可。对于比较复杂的车身损伤，必须用三维测量系统检查悬架和整个车身的损伤情况（见图1-39）。这些测量工具将会在模块二中详细介绍。

汽车碰撞损伤诊断的一般步骤如图1-40所示。

3. 汽车损伤评估时的安全注意事项

汽车损伤评估时的安全注意事项如下所述。

（1）汽车进入车间后，首先查看汽车上是否有破碎玻璃棱

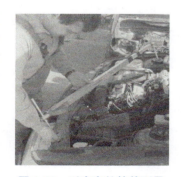

图1-38　对车身的简单测量

边及锯齿状金属。锯齿状的金属刃口要贴上胶带纸，但最好用砂轮机或锉刀将其磨平。

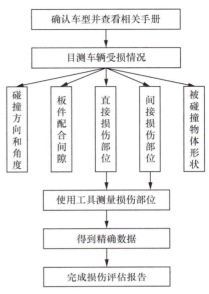

图 1-40　汽车碰撞损伤诊断的一般步骤

图 1-39　对整个车身进行三维精确测量

（2）如有燃料（汽油或柴油）、变速器油或润滑油等泄漏，一定要将其擦净。

（3）拆除电气系统时，先卸下蓄电池负极电缆，切断电路，以免电路打火点燃易燃气体，同时也保护了电气系统。

（4）在开始焊接或切割之前，务必将储气罐移开，防止储气罐漏气引起爆炸。焊接前要断开车载 ECU（电控单元），防止焊接大电流损坏 ECU。

（5）碰撞诊断时的照明条件应良好。如果功能件或机械部件损伤，需在举升机或校正台上进行细致的检查。

（6）在车身修理车间进行诊断修复时，还应注意相关的安全规范。

提示

在对汽车损伤评估时，可以先拆除一些阻碍评估观察和测量的零部件，防止评估时有遗漏部位。

二、目测确定碰撞损伤的程度

承载式车身是由很多块钢板通过焊接、螺栓固定等方法组合而成的整体。车身外部由前保险杠、后保险杠、车门、前翼子板、后翼子板、发动机盖、车顶和行李舱盖等 10 余块外观钣金件组成。通常情况下，某一车身结构发生损伤变形，往往会影响到另一侧及相邻的外观板件的配合。在车身结构部位的控制点和工艺孔修复到原始尺寸时，通过简单的调整，车身外观板件的安装就可以达到装配要求。相反，如果车身结构部位的控制点和工艺孔没有修复到位，车身外观板件就很难协调配合。如果修复时采用了改孔或其他野蛮的操作方法，车辆在修复后则会留有故障隐患，甚至影响行车安全，而且其外观也会不协调。

目测法就是凭借肉眼，通过观察车身外观板件的配合是否协调，车门、发动机盖与行李舱盖开关是否顺畅，胶和油漆层是否开裂等，并结合车辆受力时的状况，对隐藏的可能发生变形的部位做出快速分析和诊断的一种方法。目测法是一种抽象思维能力，即透过表面现象诊断出故障产生的本质。目测法在车辆变形损伤评估时，既可以作为一种检测方法，也可以作为一种修复事故车的辅助手段，并对变形部位是否修复到位进行诊断和监控。当然，目测法的精度较低、误差较大，最终的结果还要靠工具测量来验证。下面就目测法在损伤评估时的意义和在事故车维修过程中的应用进行简单阐述。

1. 采用目测法评估损伤的意义

使用目测法的目的是发现一些无法直观判断的隐性损伤，如钢板的变形扭曲或断裂。在进行目测评估时，应首先将车辆放置在较为平坦的水平面上，从多个方向和角度观察车辆；然后仔细检查车辆的具体损伤部位，判断相关构件及部位的隐藏损伤。

（1）利用目测法可以确定损伤波及范围

车辆损伤可分为直接损伤和间接损伤。直接损伤一般比较容易判断，而间接损伤则往往会隐藏在一些构件的内部，只有将外部遮挡的板件拆除，才能发现具体的变形损伤部位。通常情况下，我们不可能对车身上的每个点都进行测量，也不会拆除过多的构件。虽然这样可以降低劳动强度和减少作业时间，但是可能导致损伤评估的结果不准确，影响到最终的维修质量。如果此时能够合理地利用目测法，有针对性地对损伤部位进行预测与分析，找出损伤波及的范围，就可以有效避免上述情况的发生。下面举 2 个例子来说明。

实例一：一辆后部受到碰撞的汽车，发现该车前门与后门间隙发生明显变化。经检查，前门在开关时没有任何异常现象，与前翼子板、门框及下边梁等相关部位配合良好。这些目测检查结果说明损伤仅波及到了 B 柱位置，前面的部件并没有因为撞击受到太大影响。

实例二：一辆前部受到碰撞的汽车，发现该车前门发生轻微下垂，后门开关正常，且与门框及下边梁等相关部位配合良好。这些目测检查结果说明损伤仅波及到 A 柱位置，B 柱以及后面的部件并没有因为撞击受到太大影响，在接下来的详细检查中就可以不对 B 柱及后面的部件进行检查了。

通过对以上 2 个例子的分析可以看出，先采用目测法确定损伤波及的范围，在损伤检查时便可做到有的放矢，减少工作量，节省工作时间。

提示

目测法的很重要的一个经验就是观察车身各个板件的缝隙变化，当单眼沿垂直线观看时，很容易看出细微的变化，从而判断其车身受损情况。

（2）利用目测法可以做出快速分析

一些表面上看似不严重的撞击，往往也会对车辆造成结构部件的损伤，这点在损伤评估时经常会由于保险公司定损人员及钣金修复技师缺乏经验而被遗漏。如果钣金修复技师具备了目测评估的经验，便可做出快速诊断，省去很多不必要的工时。下面举个例子来说明这种情况。

一辆前部受到侧向撞击的车辆，保险公司经过检查后只对保险杠等损伤部件的更换进行了赔付，没有进行纵梁校正。钣金修复技师在进行维修前经过仔细检查，发现该车发动机盖与左、右翼子板的间隙已发生了变化，如图1-41所示，左门与左前翼子板的间隙明显大于右前门与右前翼子板的间隙，发动机盖打开后发现锁柱已变形，无法锁紧发动机盖。

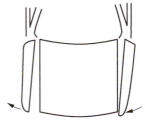

图1-41 发动机盖与左、右翼子板间隙变化

综合这些观察到的现象，可以判断车辆前部已经整体向右发生了位置偏移，位移量可以经过测量确认，对纵梁向左拉伸校正即可修复。如果钣金修复技师缺乏足够的目测评估知识和经验，只按照保险公司赔付的项目进行修理，那么该车的最终维修质量就很难得到保证。

提示

上述案例表明如果观察不仔细（或者缺乏经验），就有可能导致碰撞损伤判定不准。这不仅会带来维修上的不便，而且容易导致维修质量不符合要求，一方面造成安全隐患，另一方面会产生经济纠纷（判断不准，维修费差异会很大）。

2. 采用目测法确定损伤的程度

（1）检查车身上容易识别的损伤变形部位

在碰撞中，碰撞力通过车身刚性大的部件，如车身前立柱（A柱）、车顶纵梁、地板纵梁等箱形截面梁，传递至车身部件内并损伤薄弱部件。因此，要找出汽车损伤，必须沿着碰撞力扩散的路径，按顺序一处一处地进行检查，确认变形情况。

检查中要特别仔细观察板件连接点有没有错位断裂，加固材料（如加固件、盖板、加强筋、连接板）上有没有裂缝，各板件的连接焊点有没有变形，油漆层、内涂层及保护层有没有裂缝和剥落，零件的棱角和边缘有没有异样等。这样，损伤部位就容易识别出来，如图1-42所示。

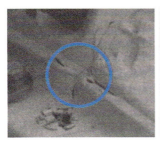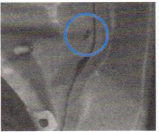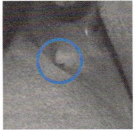

图1-42 车身上容易识别的损伤部位

① 板件的连接部位。加固材料（如加固件、盖板、加强筋、连接板）上的缝隙、各板

件的连接焊点等部位在碰撞中容易发生变形，如图 1-43 所示。

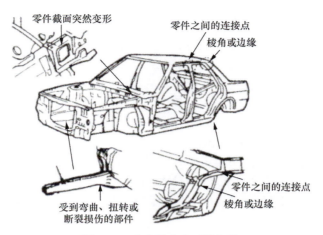

图 1-43　车身发生变形的部位

② 零件的棱角和边缘。车架部件（如侧边构件）的损伤程度，可以从其凹面上凹痕的严重程度或扭结形式来判断，而不是以部件凹面的另一面出现的瓢曲变形来判断。

此外，还有一点要特别注意，同样的碰撞力，若碰撞点部件刚性不同，碰撞后的损伤情况就可能不一样。当碰撞点部件的刚性较小时，碰撞点附近的损伤迹象比较显著，当能量通过附近的结构逐渐向后扩散时，后面损伤迹象很小。反之，有时碰撞点上的损伤迹象虽然很小，但能量却穿过碰撞点传递至车身内部很深的部位，即产生"内伤"，如图 1-44 所示。

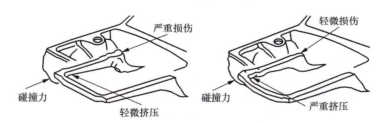

图 1-44　同样的碰撞力可能引起不同损伤

（2）检查车身部件的间隙和配合

如图 1-45 所示，车身上的车门、翼子板、发动机盖、行李舱盖、车灯之间的配合间隙都有一定的尺寸要求，通过观察和测量它们之间间隙的变化可以判定发生了哪些变形。图 1-45 所示的图片取自某款汽车的维修手册，我们不必关注上面的具体数值，因为每一款车型的数据都是不一样的，当我们维修某辆汽车的时候，找该车的维修手册查阅其具体数据即可。

了解前部碰撞事故的损伤情况，最重要的是检查后车门与后顶侧板之间的间隙及水平差异，另一个较好的方法是比较汽车发动机盖与翼子板左侧与右侧的间隙。图 1-46 所示为对比左、右翼子板与发动机盖的间隙情况。车门是通过铰链装在车身立柱上的，这就可通过开关车门及观察门的准直简单地确定车身立柱是否受到损伤，图 1-47 所示为通过测量和对比车门间隙来确定车门的损伤变形情况。

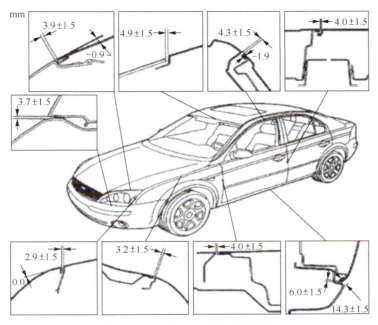

图 1-45　车身上的标准配合间隙

图 1-46　对比左、右翼子板与发动机盖间隙

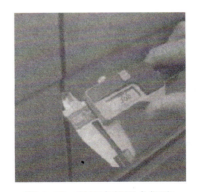

图 1-47　对比车门配合间隙

　　其实，通过查看车身板件的配合间隙来判断车身上到底发生了哪些损伤是很重要的，这可以让我们对受损车辆的损伤情况先有个大概的判断，对接下来的具体检查有重要的指导作用。下面通过图 1-48 所示来分析一些常见的板件间隙或位置发生改变的情况。

提示

　　目测法判断损伤程度时，车身结构不同，使用的材料不同，结果也不同。

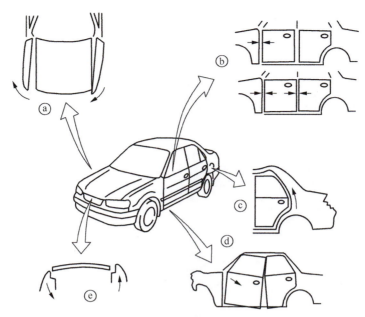

图 1-48　板件位置或间隙发生变化

① 发动机盖和左、右翼子板之间的间隙变化。图 1-48 ⓐ中显示左翼子板和发动机盖间隙减小，右翼子板和发动机盖间隙增大，这种情况是因为发动机盖位置不变，车身纵梁向右侧弯曲，从而带动左、右翼子板向右侧移动，导致左翼子板和发动机盖间隙减小，右翼子板和发动机盖间隙增大，同时左翼子板和左侧车门间隙增大，右翼子板和右侧车门间隙减小。

② 翼子板和前、后门之间的间隙变化。图 1-48 ⓑ中有 2 种情况：一种是翼子板和前门之间的间隙改变，导致这种情况发生的原因可能是前柱发生了变形，而前门是安装在 A 柱上的，所以翼子板和前门之间的间隙改变了；另一种是翼子板和前门之间的间隙改变，前门和后门之间的间隙也改变，同时后门和门框之间的间隙也改变了。这种情况表明，车身的 A 柱和 B 柱可能都发生了变形，因为前门安装在 A 柱上，后门安装在 B 柱上，A 柱和 B 柱一旦发生了变形，前、后门之间的间隙肯定会改变。

③ 后门和门框之间的间隙变大（见图 1-48 ⓒ）。发生这种情况的原因可能是前部靠下位置发生严重撞击，车身后部板件由于惯性向上运动而导致后门和门框之间的间隙变大。

④ 前门下垂。图 1-48 ⓓ中显示前门发生下垂，后门和门框之间的间隙没有发生变化，发生这种情况的原因可能是前部发生撞击，导致 A 柱向后倾斜，从而使前门出现下垂的现象。如果后门和门框之间的间隙没有变化，说明损伤只是波及到 A 柱，B 柱并没有变形。

⑤ 左、右翼子板高度发生变化。图 1-48 ⓔ中显示左翼子板相对发动机盖位置下降，右翼子板相对发动机盖位置上升，发生这种情况的原因可能是撞击导致车身纵梁发生了上下弯曲，从而带动左、右翼子板发生上下移动。

以上分析了 5 种常见的板件间隙或位置发生改变的情况，以后在实际维修中如果遇到类似情况，我们可以对车身的损伤有个大概的判断方向，当然实际的碰撞损伤是多变而复杂的，还是要具体问题具体分析。

（3）检查汽车惯性损伤

当汽车受到碰撞时，一些质量大的部件（如发动机）的惯性会转化成巨大的作用力，使其自身向与汽车运动趋势相反的方向移动而发生冲击，产生损伤，这就需对固定件、周围部件及钢板进行检查。对于非承载式车身，车身安装在橡胶隔离垫上以减小其惯性，但是剧烈的碰撞也会引起车身和车架的错位，破坏车身上的隔离件。

此外由于惯性的原因，在碰撞中仪表板、转向盘、转向支柱和座位靠背将受到损伤。行李舱中的行李也可能成为引起行李舱地板、行李舱盖和后顶侧板损伤的原因。

最终精确的损伤评估还要靠精确的车身三维测量来确定。

◻ 知识拓展 ◻

（1）现在的车身维修中，有各种测量工具来辅助维修人员精确判断车身的损伤情况，但是在过去没有精确测量工具的情况下，钣金修复师傅也可将车辆修复好，查资料看看钣金修复师傅过去判断车身的损伤程度的方法。

（2）车内乘坐的人员不同，也会影响车辆损伤情况。

◻ 任务总结 ◻

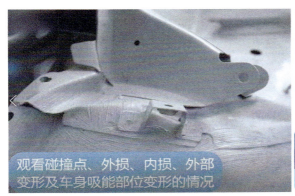

微课

碰撞损伤直观分析

观看碰撞点、外损、内损、外部变形及车身吸能部位变形的情况

AR 汽车钣金

碰撞损伤直观分析

1．碰撞损伤修复过程

汽车碰撞损伤修复的主要过程通常包括校正车身中发生弯曲、扭转、偏斜等变形的板件，更换严重损伤的板件，调整、装配车身部件等。

2．碰撞诊断步骤

汽车碰撞诊断的基本步骤如下所述。

（1）了解汽车车身构造的类型。

（2）目测确定碰撞的位置。

（3）目测确定碰撞的方向及碰撞力的大小，并检查可能的损伤。

（4）确定损伤是否限制在车身范围内，是否还包括功能部件或元件（如车轮、悬架、发动机等）。

（5）沿着碰撞路线系统地检查部件的损伤，直到没有任何损伤痕迹的位置。例如，通过检查车身外部板件的配合间隙来确定立柱是否损伤。

（6）测量汽车的车身结构尺寸，并与维修手册车身尺寸图表上的标定尺寸比较。简单的测量用轨道式量规或定心量规即可。对于比较复杂的车身损伤，必须用三维测量系统检查悬架和整个车身的损伤情况。

3．安全注意事项

汽车损伤评估时的安全注意事项如下所述。

（1）汽车进入车间后，首先查看汽车上是否有破碎玻璃棱边及锯齿状金属。锯齿状的金属刃口要贴上胶带纸，但最好用砂轮机或锉刀将其磨平。

（2）如有燃料（汽油或柴油）、变速器油或润滑油等泄漏，一定要将其擦净。

（3）在开始焊接或切割之前，务必将储气罐移开，防止储气罐漏气引起爆炸。焊接前要断开车载 ECU，防止焊接大电流损坏 ECU。

（4）碰撞诊断时的照明条件应良好。如果功能件或机械部件损伤，需在举升机或校正台上进行细致的检查。

（5）拆除电气系统时，先卸下蓄电池负极电缆，切断电路，以免电路打火点燃易燃气体，同时也保护了电气系统。

（6）在车身修理车间进行诊断修复时，还应注意相关的安全规范。

4．目测法

目测法就是凭借肉眼，通过观察车身外观板件的配合是否协调，车门、发动机盖与行李舱盖开关是否顺畅，胶和油漆层是否开裂等，并结合车辆受力时的状况，对隐藏的可能发生变形的部位做出快速分析和诊断的一种方法。

5．目测法的运用

运用目测法主要是确定损伤的程度。

（1）检查车身上容易识别的损伤变形部位。

（2）检查车身部件的间隙和配合。

（3）检查汽车惯性损伤。

□ 问题思考 □

（1）汽车碰撞诊断的基本步骤是什么？

（2）汽车损伤评估时有哪些安全注意事项？

（3）如何运用目测法确定损伤的程度？

学习任务一　车身数据图识读

□ 学习目标 □

（1）理解车身测量中长度、宽度和高度的测量基准。

（2）正确识读车身数据图。

（3）熟悉相关国家标准和规范，建立质量意识和成本意识。

□ 相关知识 □

　　测量出车身数据，然后和维修手册上的车身数据图对比，就可以知道受损车身的损伤程度。各种车型的车身数据图的表示方法并不完全一样，它们和制图时采用的测量工具以及测量方法有关。车身上部和侧面的数据图多数是二维数据图，也有三维数据图，车身底部数据图大多是三维数据图，在学习车身数据图识读之前，除了要理解车身三维测量原理外，还要了解三维测量原理在车身数据图中的表示方法。

一、车身三维测量原理

　　车身修理中对变形的测量，实际上就是对车身及其构件的形状与位置偏差的检测。选择测量基准是形状与位置偏差检测中十分重要的内容。像使用直尺测量长度一样，要有一个零点作为起点，车身三维测量也必须先找到长度、宽度和高度的测量基准，只有找到基准，测量才能顺利进行。

1. 控制点的选择

　　车身测量的控制点可用于检测车身损伤及变形的程度。车身设计与制造中，设有多个控制点，检测时可以测量车身上各个控制点之间的尺寸，如果测量值超出规定的极限尺寸，就应对其进行校正，使之达到技术标准规定的范围。

　　承载式车身的控制点如图 2-1 所示。控制点①通常在前保险杠或前车身水箱支撑部位；控制点②在发动机舱的中部，相当于前横梁或前悬架支撑点；控制点③在车身中部，

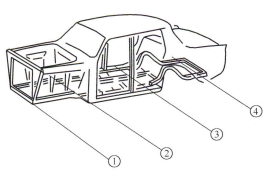

图 2-1　车身控制点的基本位置

位于后车门框部位；控制点④在车身后部，相当于后横梁或后悬架支撑点。

对车身进行整体校正时，可根据上述控制点的分布，将车身分为前、中、后 3 个部分，如图 2-2 所示。这种划分方法主要基于车身壳体的刚度等级和损伤程度，应分析并利用好各控制点在车身测量基准中的作用。

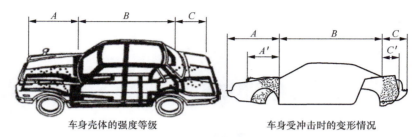

车身壳体的强度等级　　　　　　　车身受冲击时的变形情况

图 2-2　车身按吸收能量强弱的分段

控制点是在生产过程中留下来的基准孔，它们可以作为车身设计和制造时组焊和加工的定位基准，同样可以作为车身测量时的定位基准。此外，汽车各主要总成在车身上的装配连接部位，也必须作为控制点来对待。因为这些装配孔的位置都有严格的尺寸要求，这些尺寸对汽车各项技术性能的发挥有着十分重要的作用。例如，汽车前悬架支撑点的位置，会直接影响前轮定位角和汽车的轴距尺寸；发动机支撑点与车身控制点的相对位置，则会直接影响发动机和传动系统的装配，如果相对位置有偏差，会造成异响甚至零件损坏。

实际上，对控制点的测量就是对车身关键参数的检查与控制，并且这些参数是有据可查的。一些车身测量设备就是根据控制点位置制成的，利用控制点测量车身是目前车身修理中比较实用和流行的测量原则。

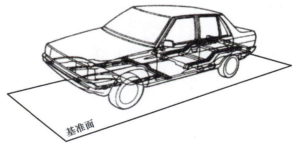

图 2-3　三维测量的高度基准面

2. 基准面

基准面是一个假想的平面，该平面与车身地板平行并与之有固定的距离，如图 2-3 所示。基准面是车身上所有垂直轮廓测量的参照面，汽车高度尺寸数据就是参照基准面测得的。

由于基准面是一个假想平面，为了使测量读数更方便，基准高度可根据实际情况增加或减小，因此在实际的测量过程中，只要找到一个与基准面平行的平面作为测量基准面，而读取高度数值时只考虑测量值与标准值的差距变化即可。

使用某些测量系统寻找高度基准时，要在车身中部找到两对对称且没有变形的测量点，首先测量一对测量点的高度，然后根据测量结果调整另一对测量点的高度，使两对测量点的实际测量值和标准数值的差相等。比如，其中一对测量点的实际测量值与标准数值的差是 50mm，则需调整另一对测量点的高度，使它的实际测量值和标准数值的差也是 50mm，那么整个车身的测量基准面与标准基准面的差就是 50mm。我们在测量时只需考虑测量点的实际测量数据与标准测量数据的差值是否在（50±3）mm 内就可以了，而不用关心基准面在哪里。

一般情况下，测量基准面和车辆的基准面不一定相同，为了方便找到测量基准面，一般的做法是用 4 个高度相同的主夹具，将车身的夹持部位完全落入主夹具钳口内，并且把夹具高度位置锁紧，就以这时的车辆高度作为基准高度，而不用找到真正的车辆高度基准。例如，奔腾米桥式通用测量系统，在测量时把 4 个测量基准点的高度都调整到距某一平面 176mm 处，那么这个平面就是测量的基准面和车辆的基准面。在测量高度数据时，不用换算，直接将读取的数值与标准值比较，其差值的误差在 ±3mm 内就可以了。

3．中心面

中心面是三维测量的宽度基准，它将汽车分成左右对等的 2 部分，如图 2-4 所示。对称的汽车的所有宽度尺寸都是以中心面为基准测得的。大部分汽车都是对称的，对称意味着汽车右侧尺寸与左侧尺寸是完全相同的，车身结构的一侧是另一侧的镜像。

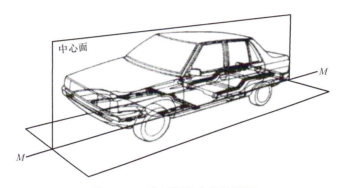

图 2-4　三维测量的宽度基准面

如果汽车不对称，这些尺寸就不同了。因此，校正不对称的汽车车身部件时，要根据车身数据图进行不断的测量和校正。

使用通用测量系统找中心面时，要在车身中部没有变形的部位找到 2 个没有变形的测量孔，将底部测量头对准要测量的孔，通过测量尺上的宽度读数可以知道两个孔到中心线的宽度，调整米桥尺（有时可能需要调整车辆的中心面，使其与测量系统中心面对齐），直到 2 个宽度读数相同并与标准数据一致，再找另外 2 个测量孔，重复以上操作，通过两对左右对称的测量点就能把车辆的中心面找到。

有些测量系统在找中心面时需要调整车辆或测量尺，使测量系统的中心与车辆的中心重合，以后测量得到的读数就是实际数值。有时要求测量系统的中心与车辆的中心平行即可，但要知道 2 个中心面的距离，测量点的宽度数值也要考虑这 2 个中心面距离的因素，否则可能读数错误。

4．零平面

为了正确分析汽车损伤，一般将汽车看作一个矩形结构并将其分成前、中、后 3 部分，3 部分的基准面称作零平面，如图 2-5 所示，这 3 部分在汽车的设计中已形成。不论非承载式车身还是承载式车身结构，中部区域是一个具有相当大强度的刚性平面区域，保证在碰撞时汽车中部受到的影响最小。这一刚性中部区域可用来作为观测车身结构对中情况的基础，所有的测量及对中观测结果都与中心零平面有关。在实际测量中，零平面也叫零点，是长度的基准。

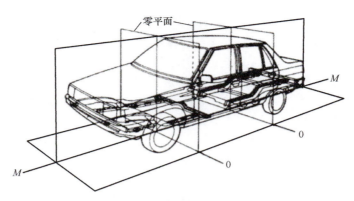

图 2-5　三维测量的长度基准面（零平面）

提示

　　基准面是车身高度方向上的零点，中心面是宽度方向的零点，零平面是长度方向的零点。

5．车身测量基准的选择

　　在实际测量工作中，一般将车身校正仪的平台平面作为高度基准面；宽度中心面是车辆的中心面，该平面与测量系统的中心面重合或平行；长度的基准不在平台或测量尺上，而是在车身上，可以将前或后零平面作为长度基准来测量其他测量点的长度数据。

二、车身数据图的识读

　　各汽车公司的汽车都有车身数据，有些维修企业也通过实际测量来获得车身数据。不同的维修企业和厂家提供的数据格式可能不同，但要表达的基本内容是一致的，都要提供车身主要结构件、板件（车门、发动机盖、行李舱盖、翼子板等）的安装位置，机械部件（发动机、悬架、转向系统等）的安装尺寸。下面介绍几种数据图，学习怎样通过车身数据图来读取车身上测量点的三维数据。

1．车身底部数据图

　　不同公司提供的数据图在形式上可能有所不同，但是其基本的数据信息是相同的，都要反映出车身上测量点的长度、宽度、高度的三维数据。下面以几种常见的数据图来解读车身数据图中的内容。

　　（1）图 2-6 所示的车身底部数据图的识读

　　图 2-6 所示为汽车车身底部的尺寸图，图的上半部分是俯视图，下半部分是侧视图，用一条虚线隔开。图的左侧部分代表车身的前方，右侧部分代表车身的后方。要读取数据，首先要在图中找到表示长度、宽度、高度的 3 个基准。

　　① 宽度数据。在俯视图中间位置有一条贯穿左右的线，这条线就是中心面，又称为中心线，它把车身一分为二。俯视图上的黑点表示车身上的测量点，一般的测量点是左右对称的。2 个黑点之间的距离有数据显示，单位是毫米（有些数据图还会在括号内标出英制数据，

单位是英寸），每个测量点到中心线的宽度是图上标出的数值的二分之一。

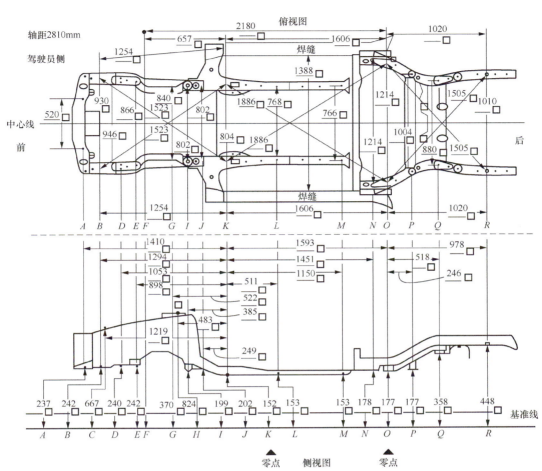

图 2-6　利用俯视图和侧视图来表达的车身底部数据图

② 高度数据。在侧视图的下方有一条较粗的黑线，这条线就是车身高度的基准线（面）。
线的下方有字母 $A \sim R$，表示车身测量点的名称，每个字母一般在俯视图上都对应 2 个
左右对称的测量点。俯视图上每个点与高度基准线之间都有数据表示，这些数据就是测量点
的高度值。

③ 长度数据。在高度基准线的字母 K 和 O 的下方各有一个小黑三角，表示 K 和 O 是
长度方向的零点。从点 K 向上有一条线延伸至俯视图，在虚线的下方位置可以看到汽车前
部每个测量点到点 K 的长度数据。从点 O 向上有一条线延伸至俯视图，在虚线的下方位置
可以看到汽车后部每个测量点到 O 点的长度数据。长度基准点 2 个：点 K 是车身前部测量
点的长度基准，点 O 是车身后部测量点的长度基准。

例如，我们要找点 A 对应的长度、宽度、高度，首先要在图中找出点 A 在俯视图和侧
视图上的位置，从俯视图中可以找出左右点 A 之间的距离是 520mm，点 A 至中心线的宽
度值是前述距离的一半，即 260mm。利用侧视图的高度基准线可以找出点 A 的高度值为

237mm。从点 A 和点 K 的向上延伸线可以找出长度值为 1410mm。

在使用这种数据图配合测量系统进行测量时，首先要把测量系统的宽度基准调整至与车辆的宽度基准一致或平行，然后调整车辆的高度，让车辆的高度基准与测量系统的高度基准平行，长度基准就在车身下部的基准孔位置。找到基准后，就可以使用各种测量头对车身进行三维测量了。

（2）图 2-7 所示的车身底部数据图的识读

图 2-7 中只用俯视图来表达车身底部数据。左侧为发动机舱数据图，右侧为车身底部数据图，同样，在读图之前，要找到图中表示长度、宽度、高度的三个基准。图的左侧部分代表车身的前方，右侧部分代表车身的后方。

① 宽度数据。在俯视图的中心部位有一条线把车身一分为二，这条线就是中心面。车身的测量点用数字 1 ~ 28 表示，每个数字代表车身上左右两个测量点。通过每个测量点到中心面的数据，可以直接读出任一测量点的宽度。

② 高度数据。在数据图的上方有一排图标，有圆圈、六角形和三角形等，内部有 A、B、C 和 E 等字母和数字。圆圈表示测量点是一个孔，六角形表示测量点是一个螺栓，三角形表示测量部件的表面；A、B、C、E 等字母表示测量时所用测量头的型号；数字表示高度数值，有时同一个点有两个高度值，是因为有螺栓时和拆掉螺栓后的高度是不同的。

③ 长度数据。在 14 和 18 测量点位置有两个黑色的"✖"符号，表示这两点是长度方向的基准。在图 2-7 中可以看出，以车身后部 18 号点为长度基准，得到汽车前部各个测量点的长度数值；以车身前部 14 号点为长度基准，得到汽车后部各个测量点的长度数值。

数据图左侧的发动机舱的宽度基准与车身俯视图的宽度基准相同，发动机舱图下方的数字表示 1 ~ 5 号点距离 6 号点的长度，而 6 号点为发动机舱新的长度基准，它距离 18 号点 1790mm。高度尺寸是从距离 18 号点 1790mm 的位置，再向上 850mm 作为新的高度基准测量得到的发动机舱各测量点的高度数据。

例如，我们要找 5 号点的长度、宽度、高度数据，5 号点位于发动机舱，它的数据是用门型尺架测量得到的。首先找到 5 号点在车身上的位置，可以读出 5 号点的左、右测量点到中心面（线）的宽度数据均为 628mm。5 号点的高度尺寸是从原基准面向上 850mm 为新的基准测量的，在数字 5 的下方圆圈内有字母 C 和数字 233，六角形内有字母 C 和数字 200，表示用 C 型测量头测量时，5 号测量点是孔对高度为 233mm，5 号测量点是螺栓时高度为 200mm（5号点距离原高度基准的高度尺寸是 850mm-233mm=617mm 和 850mm-200mm=650mm）。发动机舱图的下方表示的是长度尺寸，5 号点的长度尺寸是 184mm（5 号点距离新长度基准 6 号点 184mm，而与长度基准 18 号点的距离是 1790mm+184mm=1974mm）。

例如，我们要找 10 号点的长度、宽度、高度数据，首先找到 10 号点在车身上的位置，可以读出 10 号点左、右测量点到中心面（线）的宽度数据均为 465mm。在数字 10 的下方圆圈内有字母 B 和数字 452，表示用 B 型测量头测量 10 号圆孔时，高度数据值是 452mm。从 10 号点的延伸线可以找出距离 18 号点的长度数据值是 2394mm。

在使用这种数据图配合测量系统进行测量时，首先要调整车辆的高度到要求的数值，然后把车辆固定在主夹具上。移动测量系统，调整测量系统的中心至与车辆的宽度中心一致。长度基准的位置就在车身下部的基准孔位置，把测量系统的长度零点设定在此基准孔上。找到长度、宽度、高度的基准以后，可以使用各种测量头对车身进行三维测量。

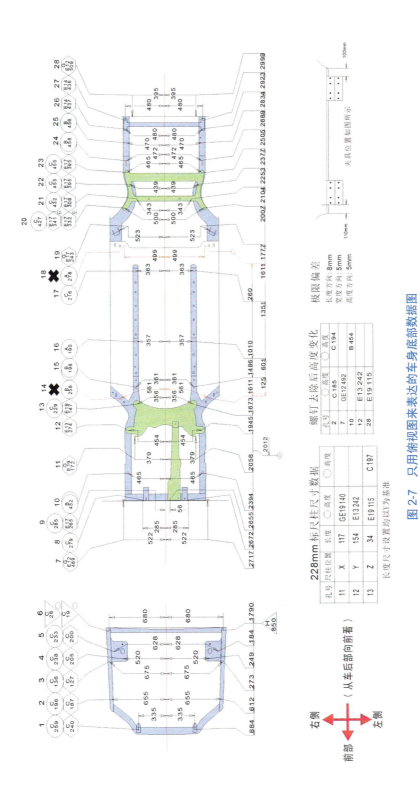

图 2-7　只用俯视图来表达的车身底部数据图

2. 车身上部数据图

车身上部数据图主要显示车身上部的测量点，包括发动机舱部位翼子板安装点、水箱框架安装点、减振器支座安装点和其他一些测量点，还有前、后风窗的测量点，前、后门测量点，A柱、B柱、C柱铰链和门锁的测量点，行李舱的测量点等。

车身上部的这些测量点如发动机舱的测量点数据对车身的性能影响很大，其他的测量点数据对车身的外观尺寸调整非常重要。

有些数据图显示的是车身上部测量点之间的数据值，如图2-8所示。另一些数据图显示的是车身上部每个测量点的三维数据值，如图2-9所示。

（1）图2-8所示的车身数据图的识读

图2-8所示的车身数据图包括发动机舱，前、后风窗，前、后门，A柱、B柱、C柱和行李舱的尺寸。发动机舱的数据图显示发动机舱主要部件的安装点数据，一般使用卷尺、轨道式量规等工具通过点对点测量的方式进行测量。

① 前风窗的尺寸通过测量图2-8（b）中A、B、C、D四点之间的尺寸得到，其中，A和B是车顶板的拐角，D和C是发动机盖铰链的后安装孔。

② 后风窗的尺寸通过测量图2-8（c）中A、B、C、D四点之间的尺寸得到，其中，A和B是车顶板的拐角，D和C是行李舱点焊裙边上的一条搭接缝隙。

③ 前门的尺寸通过测量图2-8（d）中A、B、C、D四点之间的尺寸得到，其中，A是风窗立柱上的搭接焊缝位置，B是A柱铰链的上表面，C是B柱门锁闩的上表面，D是B柱门铰链的上表面。

④ 后门的尺寸通过测量图2-8（e）中A、B两点的尺寸得到，其中，A是C柱门锁闩的上表面，B是B柱门铰链的上表面。

⑤ B柱的尺寸可以通过测量图2-8（f）中A、B两点的尺寸得到，其中，A、B都是B柱门锁闩上表面固定螺栓的中心。

⑥ C柱的尺寸可以通过测量图2-8（g）中C、D两点的尺寸得到，其中，C、D都是C柱门锁闩上表面固定螺栓的中心。

⑦ 行李舱的尺寸通过测量图2-8（h）中A、B、C、D、E、F六点之间的尺寸得到，其中，A、B是行李舱点焊裙边上的一条搭接缝隙，C、F是行李舱后围板拐角，D点和E点是保险杠上部固定螺栓中心。

（2）图2-9所示的车身数据图的识读

图2-9所示的车身数据图是车身上部的俯视图，包括发动机盖铰链位置，前、后风窗，前、后门，背门，角窗和A柱、B柱、C柱的尺寸数据，它是通过给出上述不同测量点的三维数据表达车身数据的。图的左侧表示汽车前方。读图时要先找到图中表示长度、宽度、高度的三个基准。

① 宽度数据。在俯视图的中心部位有一条线把车身一分为二，这条线就是中心面。车身上的测量点用数字1～17表示，每个数字代表车身上左右两个测量点。通过每个测量点到中心面的数据，可以直接读出任一测量点的宽度。

② 高度数据。在数据图的上方有一排图标，有六角形、正方形、三角形和菱形等，内部有C、E、F、DS、GF、GC等字母和数字。六角形表示测量点是一个螺栓，正方形表示测量部件的表面，数据图下部的三角形表示测量的基准位置的变化情况。C、E、F、DS等字母表示测量时所用测量头的型号，G表示要用G型测量头与其他测量头配合使用。数字表示高度数值。

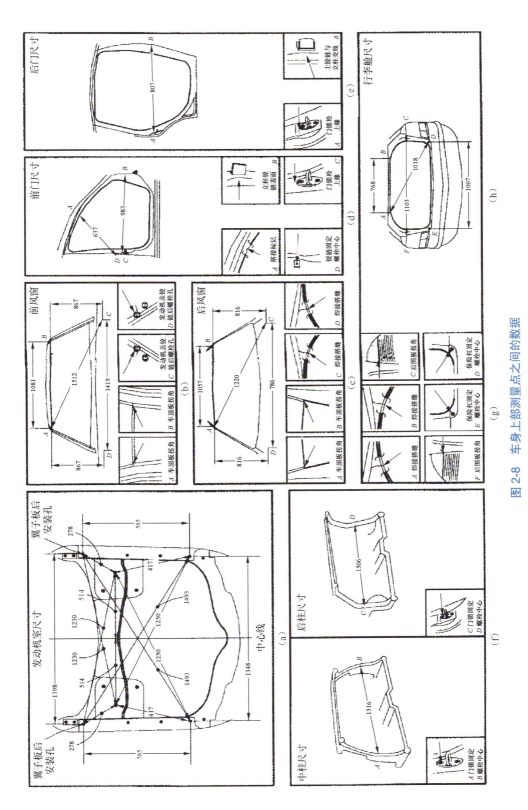

图 2-8 车身上部测量点之间的数据

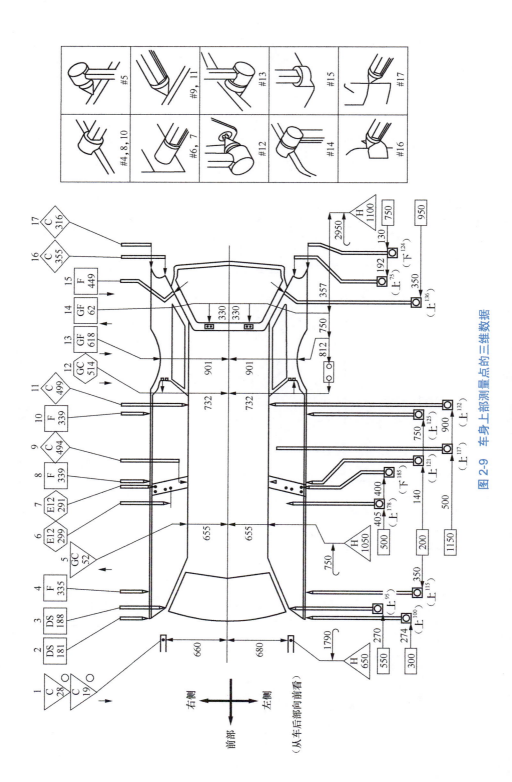

图2-9 车身上部测量点的三维数据

例如，我们要找1点的长度、宽度、高度数据。首先找到1号点在车身上的位置，可以读出1号点左、右侧到中心面（线）的宽度数据为680mm。在数字1的下方有2个倒三角和圆圈及六角标志，内有字母"C"和数字"28""19"，表示用C型测量头测量1号圆孔时，高度数据值是28mm，用C型测量头测量1号螺栓时，高度数据值是19mm。在1号点的延伸线的下部有标有"1790"的弯箭头和内部有"H"和"850"的三角形标志，表示1号点的长度位置在图2-7中18号点前方1790mm。850表示1号点的高度尺寸是在此位置的高度基准向上850mm为新的高度基准测得的。

提示

读图是一件需要细心、耐心和静心的事情，车身三维数据的读取是钣金技师的基本功。车身上任意一点的数据都是三维空间数据，即长度、宽度、高度3个数据，所以读取数据也是3个方向上的。

▫ 知识拓展 ▫

（1）在实际维修中，一般不会刻意找车身上的基准，而是利用车身的对称性来测量数据。

（2）在测量车身上部的数据时，准确度一般难以精确控制，实际维修时可安装新配件，用对比法完成车身修复。

（3）车身修复是高级钣金作业，专业难度较大，读者不仅需要认真学习，同时还需要参考相关技术资料（如不同车型的车身数据图和说明等）。

▫ 任务总结 ▫

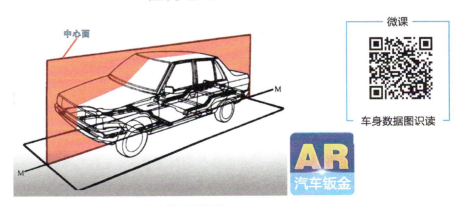

车身数据图识读

1. **基准面**

基准面是一个假想的平面，该平面与车身地板平行并与之有固定的距离。基准面是车身上所有垂直轮廓测量的参照面，汽车高度尺寸数据就是参照基准面测得的。

2. **中心面**

中心面是三维测量的宽度基准，它将汽车分成左右对等的2部分。对称的汽车的所有宽度尺寸都是以中心面为基准测得的。

3．零平面

为了正确分析汽车损伤，一般将汽车看作一个矩形结构并将其分成前、中、后3部分，3部分的基准面称作零平面，这3部分在汽车的设计中已形成。

4．车身测量基准的选择

在实际测量工作中，高度基准面一般是我们使用的车身校正仪的平台平面；宽度中心面是车辆的中心面，该平面与测量系统的中心面重合或平行；长度的基准不在平台或测量尺上，而是在车身上，可以将前或后零平面作为长度基准来测量其他测量点的长度数据。

5．车身数据

各汽车公司的汽车都有车身数据，有些维修公司也通过实际测量来获得车身数据。不同的维修公司和厂家提供的数据格式可能不同，但要表达的基本内容是一致的，都要提供出车身主要结构件、板件（车门、发动机盖、行李舱盖、翼子板等）的安装位置，机械部件（发动机、悬架、转向系统等）的安装尺寸。

················□ 问题思考 □················

（1）车身三维测量的基准面有哪几个？
（2）车身三维测量时，长度的基准面有几个？
（3）不同的维修公司和厂家提供的数据图是否一样？

学习任务二 点对点方法测量

················□ 学习目标 □················

（1）掌握卷尺的使用方法。
（2）掌握轨道式量规的使用方法和注意事项。
（3）掌握参数法和对比法的应用。
（4）培养诚信、科学、严谨的工作态度和精益求精的精神。

················□ 相关知识 □················

点对点测量通常采用卷尺、轨道式量规测量车身尺寸。在测量时要对照着车身数据图，先看看数据图中都标注了哪些点之间的尺寸，我们在实际测量中也要测这些点之间的尺寸，然后把测量得到的尺寸和数据图中的尺寸进行对比，从而得出所测量的点出现了多少偏差。由于各种车型的数据图都不一样，所以本书中的数据图并不针对某一款车型，在实际维修中查看相关维修手册即可。

一、卷尺

维修技师在车身检测时常用卷尺作为基本测量工具。用卷尺测量孔的中心距时，可从孔的同侧边缘测量，以便于读数，如图2-10（a）所示。但应注意：只有在2个孔的直径相等并且孔本身没有变形时，才能以孔的边缘间距代替中心距，如图 2-10（b）所示。当 2 个孔的直径不同时，如图 2-10（c）所示，中心距应按下式计算。

$$A=B+(R-r) \text{ 或 } A=C-(R-r)$$

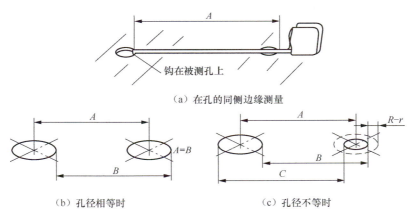

（a）在孔的同侧边缘测量

（b）孔径相等时　　　　　　　　　（c）孔径不等时

图 2-10　用卷尺测距

对卷尺的前端进行加工后，将其插入控制孔进行测量，会使测量结果更为精确，如图 2-11 所示。

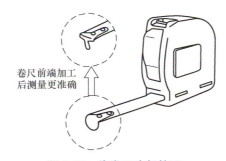

卷尺前端加工后测量更准确

图 2-11　将卷尺头部处理

提示

虽然现在有很多先进的测量系统可供使用，但在实际维修时，为了提高效率，处理小的损伤时，一般不会使用复杂的测量系统，而是使用卷尺等简单工具，既可保证一定的精度又可保证效率。

二、轨道式量规（杆规）

轨道式量规（见图 2-12）不仅能测量和记录 1 对测量点，同时还可和另外 2 个控制点进行交叉测量和对比检验，其中至少有 1 个为对角线测定。用轨道式量规测量的最佳位置为悬架和机械元件上的焊点、测量孔等，它们对于部件的对中具有关键性作用。修理车身时，对关键控制点必须用轨道式量规反复测定并记录，以监测维修进度，防止过度拉伸。车身上部的测量可以大量使用轨道式量规来进行，如图2-13所示。在一些小的碰撞损伤中，用这种方法既快速又有效。

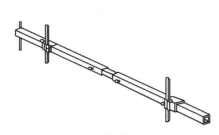

图2-12　轨道式量规

图2-13　轨道式量规测量发动机舱尺寸

在修理工作中，有些测量点必须多次地进行测量并记录，在进行每一步修复工作时，测量结果都应记录下来，包括刚刚校正过的尺寸。通过测量数据表能够得知汽车修复的过程和结果。

有些轨道式量规上还附有刻度，一般都是公制单位，如果再配合使用经过精度检验的钢直尺，测量就更为快捷。

1. 用轨道式量规进行点对点测量的方法

在车身构造中，大多数的控制点实际上都是孔、洞，而测量尺寸一般是中心点至中心点的距离。如图2-14所示，用轨道式量规对孔进行测量时，一般测量孔的直径比轨道式量规的锥头要小，测量头的锥头起到自定心的作用。当测量孔径大于测量头直径时（见图2-15），为了用轨道式量规进行精确测量，在测量孔的直径相同时，就需用同缘测量法（见图2-16），即2个测量孔直径相同时，孔中心的距离就是2个孔同侧边缘的距离。

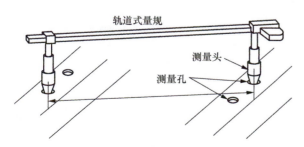

图2-14　轨道式量规进行点对点测量

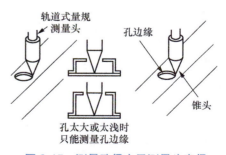

图2-15　测量孔径大于测量头直径

如果需要测量的孔径不是同一尺寸，有时甚至不是同一类型的孔，如圆孔、方孔、椭圆孔等，要测出孔中心点间的距离，就要先测2个孔之间的内缘间距，再测2个孔之间的外缘间距，如图2-17所示，然后将2次测量结果相加再除以2即可。也就是说，孔径不同时，内边缘和外边缘的平均值与孔中心距离相同。例如，有2个圆孔，一个圆孔直径为10mm，另一个圆孔直径为26mm，测得其内缘间距为300mm，外缘间距为336mm，则孔中心距为（300+

336）mm÷2=318mm，即轨道式量规测得的 2 个测量孔的尺寸为 318mm。

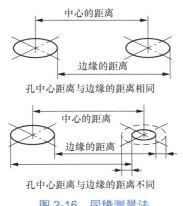

图 2-16 同缘测量法

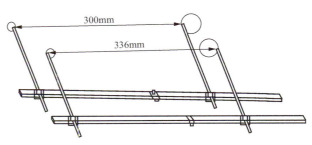

图 2-17 不同直径的孔的测量

在使用轨道式量规进行测量时，要根据车身的标准尺寸来精确地测量汽车损伤程度，然后才能使车身结构修复至原来的尺寸。如果没有标准尺寸，则可用一辆没有损伤且是同一厂家、同一年份、同一型号的汽车作为校正受损汽车的参照。如果仅仅是车身的一侧受到损伤，而且损伤不严重，那么就可测量未损伤一侧的尺寸，并以此作为损伤一侧的对照尺寸，在找测量孔时，注意左右是否对称。

2．使用轨道式量规测量时的注意事项

（1）汽车上固定点（如螺栓孔）的测量位置是该点的中心。

（2）点对点测量为 2 个点间的直线距离测量。

（3）量规臂应与汽车车身平行，这就要求量规臂上的指针在测量不同尺寸时设置成不同长度，如图 2-18 所示。

（4）某些标准车身数据要求平行测量，有些则只要求点至点之间的长度测量，而有的则两者都要求。修理人员必须使用与车身表述的数据一致的测量方法，否则就很容易发生错误的测量。

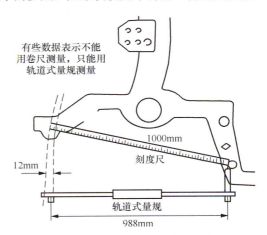

图 2-18 轨道式量规正确测量方法

（5）按车身标准数据测量损伤车辆上所有的点，损伤的程度通常用标准数据减去实际测量数据来表示。

提示

图 2-18 说明了测量同一位置时，用不同的工具测量，会有误差。这表明，在车身测量中，首先要判断测量点适合哪种工具测量，或者说，需要何种测量方式，才会避免出现测量错误，进而避免维修失误。

三、用点对点方法测量车身尺寸

用点对点方法测量车身尺寸简单易操作，但是测量的准确度要差一些，适合车身维修前的损伤鉴定工作，即初步判断车身损伤变形的程度。要想精确地测量和修复车身损伤还要使用三维测量方法。点对点测量可以分为参数法测量和对比法测量。

1. 参数法测量

参数法测量是以车身图纸或技术文件作为参照标准。汽车车身尺寸图中，一般都注明了车身上特定的测量点。以此数据为标准，对车身的定位尺寸测量，可以准确地评估变形及其损伤的程度，是非常可靠也较为常用的方法。

（1）车身前部尺寸的测量。前部车身损伤变形的程度可用导轨式量规或卷尺来确定。每辆车都有汽车制造厂提供的说明书，上面标出了车身上部重要控制点的尺寸规格，可以通过测量这些点之间的尺寸检验车身是否有变形或者校正是否到位。

由于受损汽车需进行发动机盖前缘及前端部件调换，在修复的同时进行测量是合理的。即使仅仅车身的前右侧受到碰撞，汽车左侧通常也会受到损伤。因此，在测量之前必须检验变形的程度。图 2-19 所示给出了典型的前部车身控制点，对照标准数据就可对其进行检验。

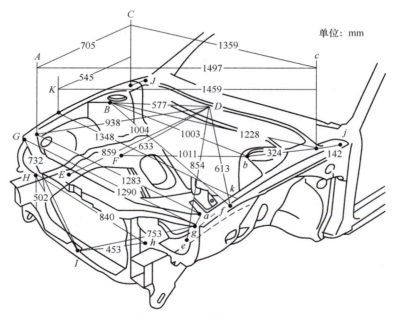

图 2-19　发动机舱尺寸

检验汽车前端尺寸时，轨道式量规测量的最佳位置是悬架及机械元件上的安装点，因为它们对中的正确与否很关键。每一尺寸应该对照另外的 2 个基准点进行检验，其中至少有 1 个基准点要进行对角线测量。通常，测量的尺寸越长，测量的精确度就越高。例如，测量车颈（前车身与中车身的交界处称为车颈）下端至发动机底座前部之间的尺寸要比测量车颈下端至另一侧车颈下端的尺寸好，因为前者是在汽车的较大范围内测得的 1 个较长尺寸。从每个控制点测得 2 个或多个数据既保证了高精度，又能够帮助维修技师辨别出钢板损伤的范围及方向。

（2）车身侧面尺寸的测量。车身侧面结构的任何损伤都可以通过车门开关时的状态或通过检验车门周边缝隙的均匀程度来确定。在寻找车身变形所在的位置时，应把注意力放在可能导致漏水的部位上。车身侧板的测量主要使用导轨式量规，其测量点如图 2-20 所示。

（3）车身后部尺寸的测量。车身后部的变形程度大致可通过行李舱盖开关和缝隙的变化估测出来。为了确定损伤及漏水的可能性，有必要对图 2-21 所示的测量点进行精确测量。后部地板上的皱褶通常都是由于后部元件的扭弯造成的，因此，测量后部车身的同时，也要测量车身的底部，这样，展平修复工作才能有效完成。

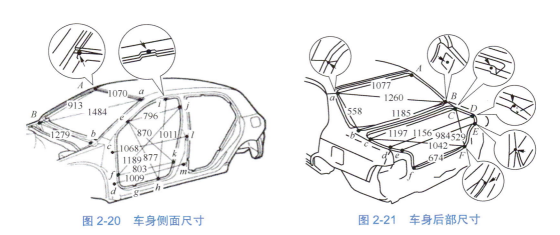

图 2-20　车身侧面尺寸　　　　　　　　图 2-21　车身后部尺寸

2. 对比法测量

对比法测量是以相同汽车车身的位置参数作为参照标准。当然，所选择的车身应完全符合技术文件的要求，必要时还可以通过增加被参照车辆的台数来提高依据标准的精确性。运用对比法测量车身时应注意以下 2 个问题。

（1）数据的选取。由于对比法需要操作者根据情况量取有关数据，选择哪些测量点、数据链作为车身定位参数的依据标准，是一个值得研究的问题。对此，应遵循以下原则。

① 利用车身壳体或车架上已有的基准孔，找出所需的定位参数值。

② 以基础零件和主要总成在车身上的正确装配位置为依据。

③ 参照其他同类车型车身图中的标示方法，来确定参数的测量方案。

（2）误差的控制。与参数法测量相比，对比法测量可靠性较差。这就要求维修技师应尽可能将测量误差限制在最小范围内，以防止因累计误差的增加而影响最终的修复质量。在操作时应注意以下几点。

① 选择便于使用的测量工具（如测距尺）。

② 不能以损伤的基准孔作为测量依据。

③ 参数值最好一次性测得，尽量避免分段量取。

（3）在进行对比法测量时，要经常利用车身的左右对称性。运用对角线测量法可检测出车身的翘曲，如图 2-22 所示。在发动机舱及下部车身数据遗失、车身尺寸表上没有提供可参照的数据或汽车在倾翻中受到严重创伤时，都可以使用对角线测量方法。

在检测汽车两侧受损或扭转情况时，不能仅仅使用对角线测量法，因为这种方法测量不出这 2 条对角线间的差异。如果汽车左侧和右侧的变形相同，对角线长度相等，此方法就不宜使用了。

在图 2-22 中，通过对长度 AC、BD 的测定和比较，可对损伤情况做出很好的判断，这一方法适用于左侧和右侧对称的部位，它还应与对角线测量法联合使用。

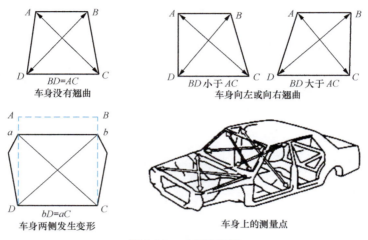

图 2-22 对角线测量

以上关于点对点测量的分析只是针对二维尺寸进行的，主要测量车身的上部和侧面。测量车身上部和侧面时也可以采用三维测量方法，但是该方法比较烦琐，实际维修中很少采用。

在掌握了车身标准数据的基础上，采用何种工具，如何正确、准确地测量出车身各部位损伤数据，就成为车身测量的关键。理论上讲，无论采用卷尺、直尺还是量规等工具进行测量，均属于手工测量，需要技师细心和用心地操作，不管如何，测量精度仍不能和电子测量系统相比。但作为高级钣金技师的基本功，读者仍需要认真学习，反复训练使用这些工具的方法。

 提示

上面的数据看起来稍显复杂，尤其是图 2-19 所示发动机舱尺寸。但事实上，发动机舱受损后的维修测量就是需要这样去做的。

□ 知识拓展 □

（1）卷尺和轨道式量规有什么不一样？各有何特点？

（2）使用卷尺测量时要注意哪些问题？如何提高其测量精准度？

（3）除了卷尺和轨道式量规这 2 种测量尺，在测量车身数据时还有哪些测量工具？

□ 任务总结 □

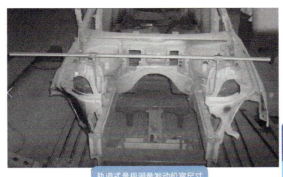

轨道式量规测量发动机室尺寸

AR 汽车钣金

点对点方法测量车身尺寸

微课

点对点方法测量
车身尺寸

1．轨道式量规的使用

使用轨道式量规测量时的注意事项如下。

（1）汽车上固定点（如螺栓孔）的测量位置是该点的中心。

（2）点对点测量为 2 个点间的直线距离的测量。

（3）量规臂应与汽车车身平行，这就要求量规臂上的指针在测量不同尺寸时要设置成不同长度。

（4）某些标准车身数据要求平行测量，有些则只要求点至点之间的长度测量，而有的则两者都要求。修理人员必须使用与车身表述的数据一致的测量方法，否则就很容易发生错误的测量。

（5）按车身标准数据测量损伤车辆上所有的点，损伤的程度通常用标准数据减去实际测量数据得到的数值来表示。

2．参数法测量

参数法测量是以车身图纸或技术文件作为参照标准。汽车车身尺寸图中，一般都注明了车身上特定的测量点。以此数据为标准，对车身的定位尺寸进行测量，可以准确地评估变形及损伤的程度，是非常可靠也较为常用的方法。

3．对比法测量

对比法测量是以相同汽车车身的位置参数作为参照标准。当然，所选择的车身应完全符合技术文件的要求，必要时还可以通过增加被参照车辆的台数来提高依据标准的精确性。

4．对比法的应用

在进行对比法测量时，要经常利用车身的左右对称性。运用对角线测量法可检测出车身的翘曲。在发动机舱及下部车身数据遗失、车身尺寸表上没有提供可参照数据或汽车在倾翻中受到严重创伤时，都可以使用对角线测量方法。

5．不宜用对比法的情况

在检测汽车两侧受损或扭转情况时，不能仅仅使用对角线测量法，因为这种方法测量不出这 2 条对角线间的差异。如果汽车左侧和右侧的变形相同，对角线长度相等，此方法就不宜使用了。

（1）当 2 个孔直径不同时，如何用卷尺测量两孔的中心距？

（2）用轨道式量规测量车身数据时，有哪些注意事项？

（3）什么情况下可以用对角线法测量车身数据？什么情况下不可以？

学习任务三　机械式车身测量系统应用

□ 学习目标 □

（1）掌握中心量规和麦弗逊撑杆式中心量规的使用。

（2）了解专用测量系统的优缺点。

（3）掌握机械式通用测量系统的使用方法。

（4）培养积极思考，全方位分析问题、解决问题的能力。

□ 相关知识 □

　　机械式测量系统包括量规测量系统、专用测量系统和机械式通用测量系统。量规测量系统包括中心量规和麦弗逊撑杆式中心量规，这两种量规只能检查出车辆是否发生变形，无法测量出具体数据。专用测量系统也无法测量出具体数据，主要测量控制点的位置与专用测量头是否配合良好。机械式通用测量系统是一款三维测量系统，可以测量出车身上任意一点的三维尺寸。

一、量规测量系统

1. 中心量规

　　车身的许多变形，尤其是综合性变形，用点对点方法测量往往体现得不够直观。当车身或车架在汽车纵向轴线上的对称度发生变化时，就很难用点对点方法测量车身变形，也就无法对变形做出准确判断。如果使用中心量规来测量，就可以很好地解决这类测量问题。

　　中心量规有很多种类，最常用的是自定心量规，自定心量规的结构同轨道式量规很相似，但它不是用来测量车身变形量的。

　　在使用自定心中心量规测量之前，要先找到车辆的基准面、中心面和零平面等基准。在车身维修中自定心中心量规只能做一个大体的分析，不能显示测量的具体数据。具体到每一个尺寸的具体数据的测量，则需要使用三维测量系统。

　　中心量规可分为杆式和链式 2 种。

　　（1）杆式中心量规。图 2-23 所示为杆式中心量规。杆式中心量规可安装在汽车的不同位置，在量规上有两个由里向外滑动时总保持平行的横臂，可使量规安装在汽车不同测量孔上。量规（通常为 3 或 4 个）悬挂在汽车上后，每一个横臂相对于量规所附着的车身结构都是平行的。将 4 个中心量规分别安置在汽车最前端、最后端，前轮的后部和后轮的前部，然后用肉眼通过投影就能看出车身结构是否准直，如图 2-24 所示。

　　通过检查中心销是否处于同一轴线上和量规杆是否互相平行，就可以很容易地判断出车身是否有弯曲、翘曲或扭曲变形。如果量规没有任何偏斜的迹象（见图 2-25（a）），则可判定车身没有变形损伤；如果量规杆不平行（见图 2-25（b）），则可判定车身有扭曲变形；如果中心销发生左右方向的偏离（见图 2-25（c）），则可判定车身有左右方向上的弯曲；如果中心销发生上下方向的偏离（见图 2-25（d）），则可判定车身有上下方向的弯曲；另外，挤缩和菱形变形可以通过对基准点距离和对角线长度的测量来判定。

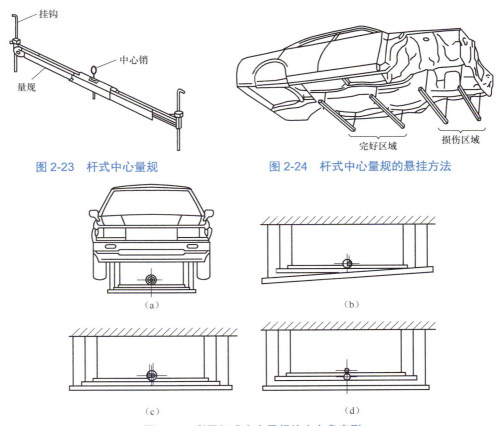

图 2-23　杆式中心量规　　　　　　　图 2-24　杆式中心量规的悬挂方法

图 2-25　利用杆式中心量规检查车身变形

应当指出，如果想对垂直方向上的弯曲做精确诊断，应保证中心量规的挂钩长度符合要求。如图 2-26 所示，当其中一个中心量规的调试完成后，应以参数表中的数据为依据，对其他中心量规挂钩的长度，按高低差做增减调整，使吊挂高度符合标准要求。

（2）链式中心量规。如图 2-27 所示，链式中心量规一般悬挂在车身壳体的基准孔上，通过检查中心销、垂链及平行尺是否平行，以及中心销是否对中，就可以十分容易地判断出车身壳体是否有变形。

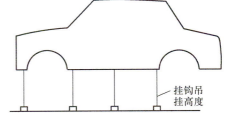

图 2-26　吊挂高度应按车身参数调定

从理论上讲，定中规法测量变形是精确的，但如果损伤不当却很容易造成判断失误。特别是选择中心量规挂点时，一般以基准孔为优选对象，使用前要注意检查基准孔有无变形。变形的基准孔必须在修复后才能使用，如图 2-28 所示，当左、右基准孔的高度不一致或为非对称结构时，一定要调整中心销的位置或挂钩（挂链）的长度，以补偿高度不一致或非对称的情况，如图 2-29 所示，其调整值应以车身尺寸图中提供的数据为准。

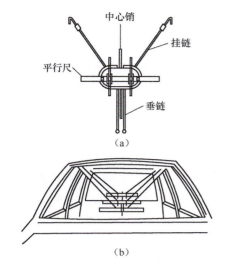

图 2-27　链式中心量规及车身壳体的检查

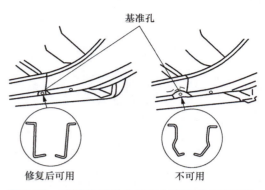

图 2-28　变形的基准孔只有在修复后才能使用

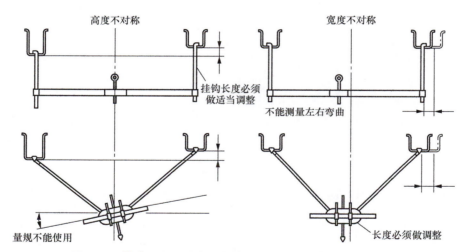

图 2-29　基准孔为不对称结构时，应对量规的悬挂做适当调整

2．麦弗逊撑杆式中心量规

麦弗逊撑杆式中心量规的结构如图 2-30 所示，该量规有 1 根上横梁和 1 根下横梁。下横梁有 1 个中心销，上横梁上有 2 个测量指针，指针的作用是将量规安装到减振器拱形座或上部车身上。上横梁一般是从中心向外标定的。

指针有 2 种类型：锥形和倒锥形。倒锥形指针带有槽门，以方便在车身上安装（如在未拆卸螺栓头上安装）。指针一般用蝶形螺钉固定在套管上。为适用不同高度的测量，指针的长度有很多种。在使用不同高度的指针安装量规时，标尺的读数是不一样的。

在上、下横梁之间钉两根垂直立尺，通过调整立尺的高度可以改变上、下横梁的间距。

借助标准车身数据，维修人员可以利用连接上、下横梁的垂直立尺将下横梁设在基准面内，以便将减振器拱形座量规调整到正确的尺寸。在下横梁定位好后，上部定位杆应当处于减振器拱形座的基准点处，否则表明减振器拱形座已经损坏或者定位失准，维修人员就需要进行校正，以便正确定位前悬架和车轮。

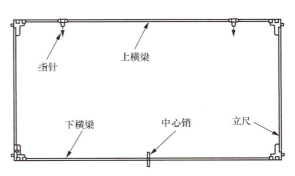

图 2-30　麦弗逊撑杆式中心量规

麦弗逊撑杆式中心量规一般是用来检测减振器拱形座的不对中情况的，另外，它还可以用来检测散热器支架、B柱、车颈部和后侧围板等部件的不对中情况。它一般安装在减振器的拱形座上，利用减振器拱形座量规就能观察到上部车身的对中情况。

提示

量规测量系统由于不能读取测量数值，且操作复杂，精确度差，现在已很少使用。

二、专用测量系统

1. 专用测量系统的测量原理

专用测量系统来源于车身的制造过程，在焊接过程中车身板件都是固定在车身模具上的，车身模具是根据车身尺寸制作的，通过模具可以对板件进行快速定位、安装、焊接等。专用测量工具根据车身上主要测量点的三维空间尺寸，制作出一套包含主要测量控制点的测量头（也称为定位器）。在车身变形后，可以通过车身上每个主要控制测量点与它专用测量头的配合情况来确定测量点是否变化。在修复过程中，如果主要测量控制点的位置与专用测量头完全配合，就能够确定测量点已经恢复到位。使用专用测量系统时，要把注意力放在如何使控制点与测量头完全配合上，而不是像使用其他测量系统那样要先测出具体数据，然后与标准数据对比才能知道尺寸是否正确。

一套标准的测量头由 14 ～ 25 个既可单独使用又可一起使用的专用测量头组成。很多测量头既可以与固定不动的机械部件结合使用，也可以和能够移动的部件结合使用。一套测量头一般可用来测量车身型号相同的汽车。

2. 专用测量头的功能

① 能够通过视觉确定出应该进行检测的测量控制点。如果测量控制点与专用测量头不相配合，就必须对这类控制点进行校正。

② 可以同时对所有的控制点进行测定，而不需进行具体的测量。在所有的控制点都校正准确之后，汽车上的转向系统、悬架及发动机装置等也就在正确的位置上了。

③ 可以进行进一步校正，将受损部件调整到正确位置。这样就打破了用中心量规、轨道式量规或通用测量系统必须遵照的测量顺序。

④ 专用测量头测量系统可保证对零件进行焊接之前的定位。

3. 专用测量头测量的方法

承载式车身上，以对车身下部钢板和撑杆支柱总成的校正为例，其工作顺序如下：

① 将车身下部钢梁钢板固定在定位器上。

② 将撑杆支柱钢板安置并固定在钢梁上。

③ 将钢板钢梁焊接在正确的位置上。

这类专用测量头最大的优点是专用性，每一款汽车就有一套专用测量头，可以快速精确地修复车身；但它最大的缺点也是专用性，由于1套专用测量头只适用于1个车型，这就限制了它的应用范围。

随着现代汽车竞争的日趋剧烈和车辆个性化的发展，车辆的种类越来越多，专用测量头已经不能满足多样性修理的需要，所以现在越来越广泛地应用通用测量系统。

提示

专用测量系统操作简单，精度高，尤其是在修复比较严重的损伤时，具有维修速度快的特点，但由于其具有专用性，一般只有在4S店中见到。

三、机械式通用测量系统

机械式通用测量系统，如门式通用测量系统（见图2-31）、米桥式通用测量系统等，在现代车身修理中被广泛应用。机械式通用测量系统不仅能够同时测量所有基准点，而且还能使一部分测量更容易、更精确。

在测量时，只要将机械式通用测量系统绕车辆移动，不仅能快速地确定车辆上的每个基准点的位置，而且能检查车辆所有基准点。

正确安装测量系统的各个部件后，可

图2-31 门式通用测量系统

用测量头来测量基准点，如果车辆上的基准点与标准数据图上的位置不同，则说明车辆上的基准点可能发生了变形。不在正确位置的基准点必须被恢复到事故前的标准值，然后才能对其他点进行测量。在开始任何测量工作前，要做以下准备工作。

① 将车辆固定在测量平台上，拆下可拆卸的损伤件，包括机械部件和车身覆盖件；

② 如果损伤非常严重，则先对车辆的中部或基础部分进行粗略的校正，然后将中部基准点的尺寸恢复标准数值；

③ 如果某些机械部件不需要拆除，对这些部件要进行必要的支撑。

米桥式通用测量系统主要由底部的米桥尺、横尺、测量头、门型立尺、上横尺以及许多辅助测量头和安装各种用途量尺的固定器（见图2-32）组成。对于机械式通用测量系统，它的测量精度达到（±1 ～ ±1.5)mm时，才能作为一个合格的车身测量工具。

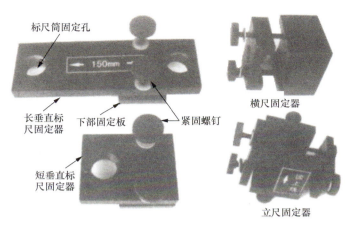

图 2-32 各种测量固定器

　　在测量时，首先建立车辆和测量系统的基准，在测量桥或测量架上安装好横尺，将测量头安装在横尺上，就可以同时测量受损车辆上的多个基准点。基准点找好以后，就可以利用安装在测量架上的测量头来测量车身上的各个测量点。根据每个车辆的标准数据，通过测量、对比数据的变化来判定车身部件是否变形，校正工作是否准确，或者新更换部件的定位是否正确。

　　该测量系统的部件一般都是铝合金制造的，在使用过程中必须小心操作，轻拿轻放，以确保测量系统部件不被损伤。这种测量系统的精确度取决于测量头的位置和精确性，与轨道式量规相比，通用测量系统具有即时读取测量数据的优点。

　　在实际测量操作过程中，修理人员首先要用测量头来测量基准点。通过比较各基准点的实际测量数据与标准数据，就能很快地确定各个基准点所处的位置是否变形，如果车身上的基准点的数据超过 ±3mm 的公差，就必须对基准点进行校正。

提示

　　无论使用哪一种测量系统，其目的都是要对损伤车辆进行测量。在操作之前，一定要先认真阅读该设备的说明书，尤其是要了解如何确定其基准点，这是最关键的问题，因为只有基准点对了，其他所有的测量数据才是有效的，否则，测量就是无效的。

　　下面以龙门式通用测量系统为例，说明测量的过程。

　　（1）调整车辆基准与测量系统基准

　　① 事故车被安置在车身校正仪上时，尽量把车辆放置在平台的中部。调整 4 个主夹具的位置和钳口开合程度，车身底部裙边要完全落入主夹具的钳口中。确定高度的基准时，要按照要求调整到这套测量系统所要求的高度，如图 2-33 所示。

　　② 把测量横尺放到车身底部（见图 2-34），在长梯上安装固定座和测量头（按照图纸选择合适的量锥头），选择车身中部 4 个测量基准点进行定位测量。

　　③ 测量车身中部前后基准点的宽度尺寸，调整车身横向位置，使得前后两边基准点的宽度尺寸相等，这时测量系统的中心线和车辆的中心线是重合的（见图 2-35）。

图 2-33 调整基准高度

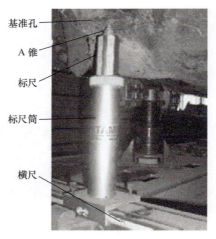

基准孔
A 锥
标尺
标尺筒
横尺

图 2-34 安装基准点测量标尺

④ 根据车辆的损伤情况，选择长度方向的基准点（见图 2-36）。如果汽车前部发生碰撞，就选择后部的基准点作为长度基准点；如果汽车后部发生碰撞就选择前部的基准点作为长度基准点；如果汽车中部发生碰撞，就需要先对车辆中部进行整修，直到中部四个基准点有三个尺寸是准确的，然后按照前后损伤的情形选择前部或后部的基准点作为长度基准点。

基准点

图 2-35 通过左右基准找到宽度中心

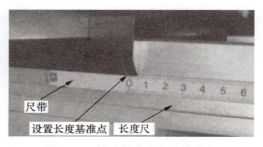

尺带
设置长度基准点 长度尺

图 2-36 设定长度方向的基准点

⑤ 将底部测量横尺安装到校正台上，在底部横尺的两端安装测量高度的立尺，然后在立尺上安装测量车身上部尺寸的量规，以及测量车身侧面尺寸的刚性量规。门式测量系统组装完成后就可以进行车身尺寸的测量了，如图 2-37 所示。

（2）测量

① 根据车辆的损伤情况，首先确定要测量的点，在车身上找出这些点后，在图纸上找出相应的标准数据。根据数据图的提示，在机柜内选择正确的测量杆和测量头，安装在中心线杆（横尺）上，测量头与要测量的测量点配合。在测量车身底部尺寸时，测量

图 2-37 组装完成的门式车身测量系统

头的选择正确与否非常重要，如果选择了错误的测量头，那么测量的高度数据将是错误的，如图 2-38 所示。

　　② 车身底部测量点的测量。测量点的长度尺寸可以通过移动标尺固定座上的孔，读取校正台上的长度尺数据来获取，如图 2-39 所示。从不同高度的量杆上可以读出高度数据，那么要测量的点的三维数据即全部获得，与标准数据对比就可以知道测量点的偏差量。

图 2-38　测量车身底部尺寸

图 2-39　读出长度数据

　　③ 侧面数据的测量。根据图纸的要求把立尺放置在底部测量横尺上，设置好立尺的长度基准。在立尺上安装刚性量规的安装座，把刚性量规安装好，把标尺安装在刚性量规上，把标尺筒安装在长标尺上，然后根据图纸要求选择合适的测量头，对侧面测量点或测量面进行数据测量和对比测量，如图 2-40 所示。

　　④ 上部尺寸的测量。根据图纸的要求把立尺放置在底部测量横尺上，设置好立尺的长度基准。调整上横尺高度的基准，把上横尺安装在两个立尺上，然后把刚性量规安装在上横尺上。在刚性量规上安装标尺座，选择合适的标尺筒、标尺柱和测量头，然后安装在标尺座上，就可以对上部发动机舱或行李舱的尺寸进行测量了，如图 2-41 所示。

图 2-40　侧面数据的测量

图 2-41　上部尺寸的测量

　　⑤ 拉伸操作中的测量。在拉伸测量时，可以把测量头定在标准的宽度、长度和高度尺寸上，拉伸部件，直到要测量的点的尺寸达到标准值。用测量头可以同时测量几组要拉伸的数

据，同时监控拉伸中数据的变化情况，保证修理后数据的准确性。

·········口 **知识拓展** 口·········

（1）分析车身三维测量方式跟量具测量方式的区别。

（2）找出量规测量系统、专用测量系统和机械式通用测量系统在车身测量过程中各自的特点和优势。

（3）不同的测量系统，其功能和操作方式都有所不同，在实际使用前，除需要对本任务进行认真学习之外，还需要参考设备的技术说明书。

·········口 **任务总结** 口·········

微课

机械式车身测量
系统应用

机械式车身测量系统应用

1. 中心量规

车身的许多变形，尤其是综合性变形，用点对点方法测量往往体现得不够直观。当车身或车架在汽车纵向轴线上的对称度发生变化时，就很难用点对点方法测量车身变形，也就无法对变形做出准确判断。如果使用中心量规来测量，就可以很好地解决这类测量问题。

2. 中心量规的原理

在使用自定心中心量规测量之前，要先找到车辆的基准面、中心面和零平面等基准。在车身维修中自定心中心量规只能做一个大体的分析，不能显示测量的具体数据。具体到每一个尺寸的测量，则需要使用三维测量系统。

3. 麦弗逊撑杆式中心量规

麦弗逊撑杆式中心量规有 1 根上横梁和 1 根下横梁。下横梁有 1 个中心销，上横梁上有 2 个测量指针，指针的作用是将量规安装到减振器拱形座或上部车身上。上横梁一般是从中心向外标定的。

4. 麦弗逊撑杆式中心量规的应用

麦弗逊撑杆式中心量规一般是用来检测减振器拱形座的不对中情况的，另外，它还可以用来检测散热器支架、B 柱、车颈部和后侧围板等部件的不对中情况。它一般安装在减振器的拱形座上，利用减振器拱形座量规就能观察到上部车身的对中情况。

5．专用测量头

专用测量头最大的优点是专用性，每一款汽车就有一套专用测量头，可以快速精确地修复车身；但它最大的缺点也是专用性，由于 1 套专用测量头只适用于 1 个车型，这就限制了它的应用范围。

6．通用测量系统

在测量时，首先建立车辆和测量系统的基准，在测量桥或测量架上安装好横尺，将测量头安装在横尺上，就可以同时测量受损车辆上的多个基准点。基准点找好以后，就可以利用安装在测量架上的测量头来测量车身上的各个测量点。根据每个车辆的标准数据，通过测量、对比数据的变化来判定车身部件是否变形，校正工作是否准确，或者新更换部件的定位是否正确。

□ 问题思考 □

（1）简述中心量规的使用方法。

（2）专用测量系统有什么优缺点？

（3）简述门式通用测量系统的测量过程。

学习任务四　电子式车身测量系统应用

□ 学习目标 □

（1）掌握激光测量系统的测量方法。

（2）掌握超声波测量系统的测量方法。

（3）培养资料查阅、文献检索的能力，养成自主学习、终生学习的习惯。

□ 相关知识 □

电子式车身测量系统包括半机械半电子测量系统、半自动电子测量系统和全自动电子测量系统。

一、半机械半电子测量系统

CHIEF 公司生产的 VIRTEX 类型的测量系统是一款常见的半机械半电子测量系统，它的测量工具是一个类似轨道式规规的测尺，在测尺上安装了位移传感器，可以电子显示测量的高度、长度 2 个方向的数值，一次测量只能得到 2 个测量点之间的高度和长度或高度和宽度。然后把数据通过有线或无线的方式传输到计算机的软件系统内，软件系统将测量的数据与系统内的标准数据对比，可以得知测量的结果。

这种测量系统在测量中每次只能测量一个控制点，或 2 个控制点之间的位置参数，不能同时测量多个控制点，同时也不能及时反映出测量点数据的变化情况，需要不断反复测量不同的控制点来确定相关尺寸的正确性，操作比较烦琐，效率较低。

二、半自动电子测量系统

常见的半自动电子测量系统，如斯潘内锡（SPANESI）测量系统，使用自由臂进行测量，自由臂由一节节可以转动的关节组成，每 2 个臂之间可以在一个平面内 360° 转动，经过多个臂的转动，自由臂端部可以移动到空间的任意一个位置。在连接处有角度位移传感器，任何一个关节转过的任何一个角度都会被传输并记录到计算机上。自由臂的每个臂长是一定的，计算机会自动计算出自由臂端部到达的空间位置的三维数据。

自由臂测量系统只有一个测量臂，在测量中每次只能测量一个控制点，有的测量臂的端部是测量指针，控制点变形后则测量不准确（如测量一个孔的尺寸，它无法直接找到孔的中心，就需要在测量孔的两个边缘后，才得到一个孔的尺寸，孔如有变形，则测量不准确）。有些自由臂测量系统配备了不同的测量头，测量起来就相对简单一些。

在实际拉伸修复中，经常要同时监控多个控制点，而自由臂测量系统不能做到对多点同步进行测量。在测量中要不断重复测量不同的控制点，因为有些点有可能在拉伸中失控。同时在测量时只能做到适时测量（在合适的时间进行测量），而不是实时测量（随时可以显示当时的测量数据），即每次拉伸后要进行控制点的测量，得到数据，而不能随着拉伸的进程随时监控数据变化，防止过度拉伸而使修复失败。计算机接收系统在测量前需要进行调平，因为在测量过程中接收器的任何移动都会导致基准变化而使测量数据不准确。下面以斯潘内锡（SPANESI）测量设备为例，讲解半自动电子测量系统。

提示

半自动电子测量系统比机械测量系统操作简单、精度高，比全自动电子测量系统价格便宜、易于维护。

1. 设备组成

斯潘内锡（SPANESI）电子校正系统包括电子测量系统（也叫 TOUCH 测量系统，如图 2-42 所示）和车身大梁校正仪、车身校正仪（该模块功能在模块三中讲解）。TOUCH 测量系统属于半自动电子测量系统，具有操作快捷的特点，可对车身上任意点或对角线进行测量、对比，判断出车身损伤程度。TOUCH 测量系统的设备主要有测量小车、测量臂、加长臂、探针、计算机及其他配套设备，如图 2-43 所示。

图 2-42 TOUCH 测量系统

图 2-43 TOUCH 电子测量设备

TOUCH 测量系统使用简单、快捷，便于快速测量车身数值；测量臂可在水平面内 360°

旋转，每个测量臂的长度都是固定的，测量臂内有角度传感器，测量数值通过蓝牙传输到计算机，计算机记录数据并计算测量值与车身数据图的差值，维修人员只需通过此差值判断损伤情况。

2.　使用方法

安装好 TOUCH 测量系统并连接好计算机及蓝牙等设备后，就可对车身进行测量。

（1）将车辆举升锁止，拆除阻碍测量车身下部的护板等部件。

（2）将斯潘内锡测量小车推到车身底部，选择中部位置锁止测量小车，使测量臂前后都能测量到车身测量点，如图 2-44 所示。

（3）进入测量系统，在计算机里选择好相同型号的车身测量数值表，根据提示选择对应的测量探针。

（4）车身定位。TOUCH 测量系统不需要寻找和调整车辆基准位置，只需使用测量臂在车身底部选择未受损的 3 个测量位置进行测量，计算机会自动计算车身位置，如图 2-45 所示。

图 2-44　测量小车锁止

图 2-45　车身定位测量

（5）注意事项。

① 车身底部的 3 个测量位置的距离最好能够远一些，以提高测量精准度。

② 市面上的测量系统很多，但不管什么样的测量系统，都需要先选择未变形的部位定位车身，再选择不同的位置测量车身数据，根据对比数据判断车身是否损伤。

③ 测量小车推到车底部锁止后不可再挪动，否则测量数据不准确。

④ 每测量一个点后要将测量臂安放到固定位置，以防损伤测量臂。

⑤ 测量时，用探针测量螺栓或孔的中心位置，如果测量点是孔，根据测量提示，测量孔边缘三个位置即可，如图 2-46 所示。

3.　应用特点

TOUCH 测量系统所具备的功能如下。

① 任意空间点三维坐标的测量。

② 空间 2 个点的直线距离测量。

③ 空间 2 条线夹角的测量。

④ 空间 2 个平面夹角的测量。

⑤ 在电源或电池动力下均可正常工作。

⑥ 所有检测项目均可出示彩色图表报告且能够通过网络进行数据传输。

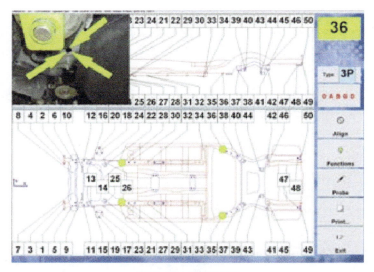

图 2-46　孔的测量

⑦ 可以对客户的维修检测资料进行存储，便于进行维修前后的对比。

⑧ 可以对底盘车身各点准确地进行三维数据测量，并自动与原厂车身数据对比，明确误差。

⑨ 可以诊断测量机械零配件如元宝梁、减振器、轮毂、摆臂等。

⑩ 使用蓝牙功能传输数据时，计算机可与测量臂分离，更方便在狭小空间进行检测。

TOUCH 测量系统除以上介绍的功能之外还可测量车身对角线距离，使用加长臂测量车身上部数据，设置新生成点等。

提示

上述设备测量方便，精度高，适合车身修复等相关业务。

三、全自动电子测量系统

1. 激光测量系统

（1）激光测量系统的结构及工作原理

激光测量系统包括标靶、1 个激光发射接收器和 1 台计算机（图中未标出），如图 2-47 所示。现代激光测量系统使用起来相对比较容易而且非常精确。它采用激光测量技术，将 2 个准分子激光发射器发射的激光投射到标靶上，每个标靶上有不同的反射光栅，通过接收光栅反射的激光束测量出测量点的数据并传输给计算机，计算机通过计算可以得到测量点的空间三维尺寸。

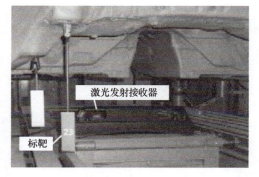

图 2-47　激光测量系统的标靶和激光发射接收器

激光系统提供直接且瞬时的尺寸读数。在拉伸和校正作业过程中，车辆的损伤区域和未损伤区域中的基准点都可被持续监测。

将车辆装到校正架上之后，在车辆中部的下面放置激光发射接收器，然后将激光发射接收器的电缆插到计算机上。调出被修车辆的车身数据尺寸图。车身数据尺寸图可能有一个、2个或多个视图，一些图表还给出了发动机盖下面和车身上部的尺寸。

按照计算机的提示选择合适的标靶、标杆和磁性安装头，并安装到车辆的测量点上。标靶和安装在测量孔上的磁性安装头（或弹簧片）通常存放在机柜里。磁性安装头（标靶座）将标靶固定在指定的位置或车辆的基准点上。弹簧片或可调节的安装头（标靶座）可以张大便于安装在车身不同尺寸的孔上。

为了测量车身上部的各个点，要在悬架拱形座（挡泥板上冲压成形的减振器支座）上安装一个专用支架。在量针接触减振器拱形座上特定的点时，支架底部的标靶反射的激光就可以被激光发射接收器读取。

在车辆上安装好激光发射接收器和标靶之后，使用计算机对系统进行标定，然后读取车辆的尺寸，通过一系列的计算机命令，测量系统就可以完成对结构损伤数据的精确测量。

（2）激光测量系统的使用

图 2-48 所示激光测量系统不但能测量独立车身的尺寸，还能在不拆卸车身零件的情况下直接进行测量。

激光测量系统使用激光发射接收器产生的光束探测安装在车身上的标靶来测量损伤数据，测量数据发送到计算机终端，由计算机终端来分析测量数据，并与电子数据库进行比较，如果安装使用正确的话，激光测量系统是一个非常准确的系统。

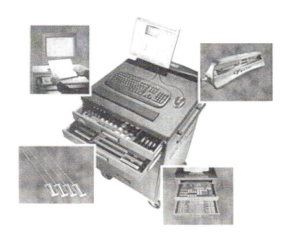

图 2-48　激光测量系统

① 安装车身。将车身安装在校正平台上，调整好高度并固定车身。车身最好安装在校正平台的中部。

② 连接系统。

（a）在车辆的中部下面放置旋转激光器，然后用一根电缆将旋转激光器与计算机连接，如图 2-49 和图 2-50 所示。

图 2-49　放置旋转激光器

图 2-50　连接旋转激光器

（b）打开计算机，进入车身测量界面。输入车型信息，调出被修车辆的车身尺寸数据图。

（c）选择测量基准。根据车辆的损伤情况选择长度基准。

- 若汽车前部发生碰撞，则选择后部的基准点作为长度基准。

- 若汽车后部发生碰撞，则选择前部的基准点作为长度基准。

- 如果车身中部发生碰撞，则要对车身中部进行修整，查看车身尺寸图中 4 个基准点的尺寸数据，然后对变形的基准点进行拉伸校正，直到车身中部的 4 个基准点中的 3 个被恢复。

（d）按照计算机提示选择合适的标靶、标杆和磁性安装头，并安装到车辆上的测量点上。

- 安装在测量孔上的磁性安装头通常存放在机柜里，它们可以安装在不同尺寸的孔上，如图 2-51 所示。

- 标靶存放在机柜里，有长短之分，在标靶的背面标有区分数字，如图 2-52 所示。

图 2-51　选择安装头

图 2-52　选择标靶

- 由于车身的大部分测量点是左右对称的，因此在安装标靶的时候，习惯将单号标靶安装在车身左侧的测量点上，双号标靶安装在车身右侧的测量点上，如图 2-53 所示。

- 为了测量车身上部的各个点，要在车辆的悬架拱形座上安装一个专用支架。在量针接触悬架拱形座上的特定点时，支架底部的标靶反射的激光就可以被旋转激光器读取。

③测量。安装好旋转激光器和标靶后，使用计算机对系统进行标定，再读取车辆的尺寸，之后通过一系列计算机命令，就可以由测量系统完成对结构损伤数据的精确测量，如图 2-54 所示。

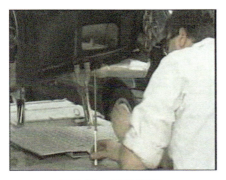

图 2-53　安装标靶

图 2-54　使用激光测量系统测量车身尺寸

（a）基准点的测量。计算机能根据需要自动地把基准点的测量数值显示出来，包括测量点的实际数值、标准数值和两者差值。

（b）其他点的测量。基准点尺寸测量完成以后，进行其他点的测量。

- 选择需要测量的点，根据提示选择合适的探头。
- 将测量探头安装到测量点上进行测量。系统会把测量点的实际数值、标准数值和两者的差值显示出来，如图 2-55 和图 2-56 所示。图 2-55 所示为实际数值，实际数值减去标准数值就得到了图 2-56 所示的差值，在差值数据中有箭头，表示变形的方向。下面以图 2-56 中点 A 和点 B 2 个测量点为例来说明测量点数据的含义。点 A 长度、宽度、高度数据分别为（0，0，7 ↑），表明长度、宽度的实际数值和标准数值相等，高度的实际数值比标准数值向上变化了 7mm。点 B 的长度、宽度、高度数据分别为（1 →，1 ↓，5 ↑），表明长度的实际数值比标准数值向右变化了 1mm，宽度的实际数值比标准数值向下变化了 1mm，高度的实际数据比标准数值向上变化了 5mm。
- 车身测量完成后，可以将测量的数据进行存储及打印。

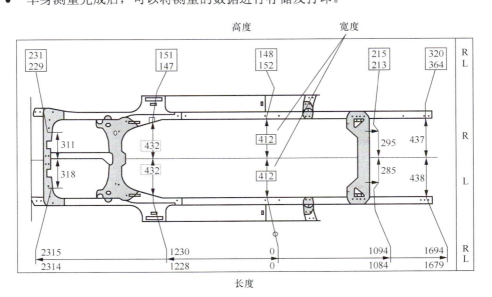

图 2-55　测量点实际数值

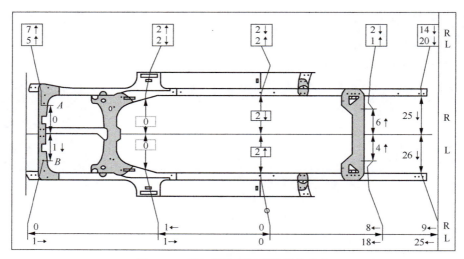

图 2-56　实际数值与标准数值的差值

④ 测量未经拆卸的车身。激光测量系统还可以对未拆卸的完整车身进行测量。测量方法与上述步骤基本一致，只是在选择测量点的时候有差别，车身上的测量点大部分为螺栓。

2．超声波测量系统

目前应用最广泛的一种全自动电子测量系统是超声波测量系统，它的测量精度可以达到±1mm 以下，测量稳定、准确，可以瞬时测量，操作简便、高效。可以对车辆的预检、修理中测量和修理后检验等工作提供有效的帮助，现在也用在一些二手车辆交易的车身检验工作中。

超声波测量系统由超声波发射器、超声波接收器、控制柜（包括计算机，也称主机）（图中未标出）及各种测量头（图中未标出）组成，如图 2-57 所示。

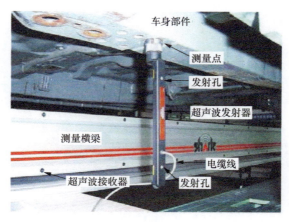

图 2-57　超声波测量系统

发射器通过测量探头、加长杆以及测量探头转接器（见图 2-58）等安装到车身测量点的测量孔或螺栓头上，接收器安装在测量横梁上（见图 2-59）。发射器发送超声波，由于声音是以等速传播的，接收器可快速精确地测量声波在车辆上不同基准点之间传播所用的时间。计算机根据每个接收器的接收情况自动计算出每个测量点的三维数据。

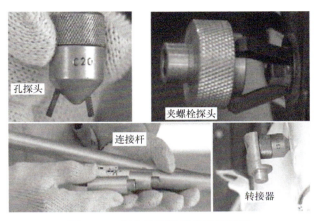

图 2-58　超声波测量探头及转接器

（1）安放测量横梁

将车辆举升到一定高度，将测量横梁安放到车身下部，要求车身下部的最低点距离横梁下平面 30 ～ 40cm，如图 2-60 所示。安放测量横梁时，最好使测量横梁的前方与车辆前方一致，横梁支架要牢固，车辆举升位置稳定。

图 2-59　超声波接收横梁

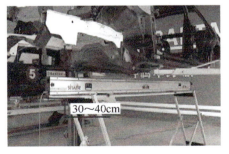

图 2-60　安放测量横梁

（2）系统连接

将测量横梁与控制计算机相连，要求电源采用稳压电源。

① 开机进入系统界面，选择语言的种类。为了方便各国的使用者，系统内安装了包括汉语在内的多种主要语言。

② 选择车辆型号。首先记录用户信息，包括车辆的信息和车主的信息，这些信息可以与后面测量的结果一起存储，方便以后再次查询。再根据事故车的类型选择汽车公司、汽车品牌、生产年代，从数据系统内调出符合这些信息的车型数据图，如图 2-61 所示。

图 2-61　车辆与车主信息界面

③ 选择测量基准。在使用超声波测量系统时，操作过程被大大简化了。由于每个超声波发射器有 2 个发射源，接收装置也有多个，系统可以自动计算出宽度和高度的基准，不用再去人工调整。根据车辆的损伤情况选择长度基准，如图 2-62 所示。

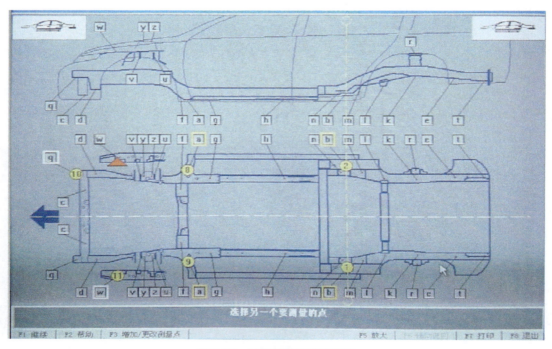

图 2-62　长度基准的选择界面

④ 测量点传感器的安装。根据车身的损伤情况选择车身上需要测量的点，然后按照计算机的提示选择合适的安装头，如图 2-63 所示。计算机还可以显示要测量点的位置图片，把传感器（发射器）通过合适的安装头连接到车身上，将传感器（发射器）的连接线连接到选定的接口上，如图 2-64 所示。

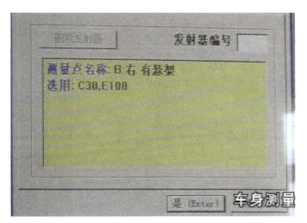

图 2-63　安装头选择界面

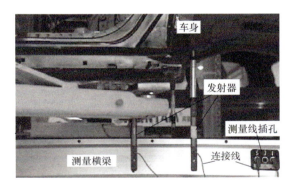

图 2-64　发射器的安装与连接

（3）选择测量模式

根据车身悬架是否拆卸，系统设置了有悬架模式和无悬架模式，根据实际情况选定合适的模式。

（4）基准点的测量

计算机能根据需要自动地把基准点的测量数值显示出来，可显示的数据包括测量点的实际数值、标准数值和两者差值，如图 2-65 所示。

（5）拉伸校正中的测量

超声波测量系统一次可以测量多个测量点，能同时对几个点测量监控。可以选择持续测量实时监控模式，系统会自动每隔很短时间发射一次超声波进行测量。并把最新的测量结果在显示器上实时刷新。在校正过程中，修理人员可以很直观地注意到车身尺寸的变化情况，如图 2-66 所示。

所选点的数据表			
b[右]	长度	宽度	高度
标准数据	0	510	65
测量值	-35	589	69
差值	35	79 ↑	4
另一侧			
b[左]	长度	宽度	高度
标准数据	0	510	65
测量值	35	589	
差值	35	79	

车身测量

图2-65 对比测量数据显示

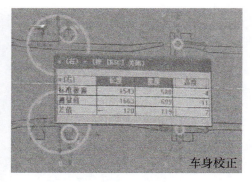

车身校正

图2-66 拉伸中数据显示界面

　　在测量过程中，超声波测量系统对各个点的测量不会相互干扰，系统每隔1～2 s会自动重新测量一次，把环境对它的影响减小到最小。操作中不用调节水平，计算机会自动找正，而且不会因为发射器、接收器的位置移动而改变数据。可以完成车辆碰撞修理前的预检、测量、定损，修理中的测量监控，修复后的数据存储及打印等工作。

　　汽车车身电子测量系统是车身损伤、修复鉴定、二手车评估等业务中重要的测量手段。相对于手工和机械式测量手段，电子测量具有精度高、数据化操作等特点。

　　目前市场上主要的电子测量系统有激光测量系统和超声波测量系统，激光测量系统要求车辆必须水平放置，如果车辆倾斜会导致测量结果失准，测量标靶位置不同也会使数据出现轻微变化。超声波测量系统不要求车辆水平放置，即使车辆倾斜也不会影响测量结果，同时也不易受到外界环境影响，所以超声波测量系统比激光测量系统更准确一些，是目前最好的电子测量系统。

　　由于电子测量系统较为复杂，文中只是简单地介绍其工作原理及操作方式。若要熟练掌握，尚需参照相关产品的技术和操作说明书，并在专业人员的指导和培训的基础上方可实际应用。

提示

　　不管使用哪种测量系统，在焊接前都要对测量系统进行保护，防止焊接飞溅对设备的损伤。

□ 知识拓展 □

　　（1）半自动测量系统在很多4S店中广泛应用，其具体操作步骤也与其他测量系统不同。

　　（2）对比激光测量系统与超声波测量系统的不同点。

　　（3）电子测量系统是目前较为高端的汽车车身电子测量设备。在二手车检测、损伤评估、保险理赔等相关业务中起到较大的作用。

□ 任务总结 □

微课

电子式车身测量
系统应用

电子式车身测量系统应用

1. 激光测量系统

激光测量系统包括多个标靶、1个激光发射接收器和1台计算机。激光测量系统使用起来相对比较容易而且非常精确。它采用激光测量技术，将2个准分子激光发射器发射的激光投射到标靶上，每个标靶上有不同的反射光栅，通过接收光栅反射的激光束测量出测量点的数据。

2. 激光测量系统的使用

为了使用激光测量系统测量车身上部的各个点，要在减振器支座（挡泥板上冲压成形的减振器支座）上安装一个专用支架。在量针接触减振器支座上特定的点时，支架底部的标靶反射的激光就可以被激光发射接收器读取。

3. 长度基准的选择

根据车辆的损伤情况来选择长度基准，若汽车前部发生碰撞则选择后面的基准点作为长度基准；若汽车的后部发生碰撞则选择前面的基准点作为长度基准；如果车身中部发生碰撞，则要对车身中部进行整修，直到车身中部4个基准点中有3个点的尺寸被恢复。

4. 超声波测量系统

超声波测量系统是目前应用最广泛的一种全自动电子测量系统，它的测量精度可以小于±1mm，测量稳定、准确，可以瞬时测量，操作简便、高效。

超声波测量系统由超声波发射器、超声波接收器、控制柜（包括计算机，也称主机）及各种测量头组成。

5. 超声波测量系统的原理

超声波发射器有上下2个发声源同时发射超声波，由测量头及测量头转接器等安装到车身某一构件的测量点上，发射器发送超声波，由于声音是以等速传播的，接收器可快速精确地测量声波在车辆不同基准点之间传播所用的时间。计算机根据每个接收器的接收情况自动计算出每个测量点的三维数据。

6. 调取车身数据

根据事故车的类型选择汽车公司、汽车品牌、生产年代，从数据系统内调出符合的车型数据图。

7. 实时测量

超声波测量系统一次可以测量多个测量点，能同时对几个点测量监控，可以选择持续测量实时监控模式，系统会自动每隔很短时间发射一次超声波进行测量，并在显示器上实时显示最新的测量结果。

8. 超声波测量系统的特点

在测量过程中，超声波测量系统对各个点的测量不会相互干扰，系统每隔 1～2s 会自动重新测量一次，把环境对它的影响降低到最小。操作中不用调节水平，计算机会自动找正，而且不会因为发射器、接收器的位置移动而改变数据。可以完成车辆碰撞修理前的预检、测量、定损、修理中的测量监控、修复后的数据存储及打印等工作。

□ 问题思考 □

（1）测量车身尺寸时，是否要求车辆保持水平？
（2）超声波测量系统可以同时测量多少个点？
（3）简述激光测量系统的操作过程。

学习任务一 车身校正认知

□ 学习目标 □

（1）理解车身校正的原理。
（2）了解车身修复对校正设备的基本要求。
（3）掌握车身校正的基本方法。
（4）掌握车身前部碰撞、中部碰撞和后部碰撞的校正方法。
（5）培养全方位思考、辩证思维，综合分析问题、解决问题能力。

□ 相关知识 □

校正（拉伸）变形的车身时，首先要知道车身发生了哪些变形，然后要考虑拉伸的位置、方向和力度。在进行拉伸校正之前要理解车身校正原理，掌握车身校正的一些技巧和方法，同时能够正确使用校正设备。

一、车身校正原理

校正（拉伸）车身时，有一个基本原则，即按与碰撞力相反的方向，在碰撞区施加拉伸力，如图 3-1 所示。当碰撞力很小，损伤比较简单时，这种方法很有效。

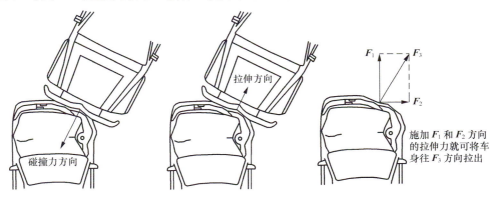

图 3-1 施加拉伸力的方向

但是当损伤区域有皱褶，或者发生了剧烈碰撞时，构件变形就比较复杂，这时仍采用沿着一个方向拉伸的方法往往不能使车身恢复原状。这是因为变形复杂的构件，在拉伸恢复过程中，其强度和变形方式也随着改变，因此拉伸力的大小和方向就需要适时改变，把力仅仅施加在一个方向，就不能取得好的修复效果。从力的分解和合成（见图3-2）中我们知道，分力与合力遵循平行四边形法则，在正方形 $ABCD$ 中，X、Y 是分力，Z 是合力，就可得到 $X+Y=Z$ 的关系式。同理，在矩形 $AFHD$ 中，$X+Y'=Z'$；在 $EGCD$ 中，$X'+Y=Z''$，也就是说，改变了分力的大小就改变了合力的大小和方向（注：正方形、矩形是平行四边形的特例，X、Y、Z 等是矢量）。

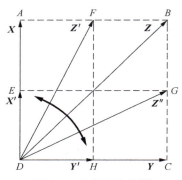

图 3-2　拉伸力的分解

　　下面我们来分析一下图3-1所示拉伸力的调整方法。如果碰撞力较小，损伤比较简单，那么直接按照与碰撞力相反的方向施加拉力即可；如果损伤较严重，就需要调节拉力的方向。如图3-3（a）所示，拉力两侧的板件 A 部分和 B 部分变形程度不一样，A 部分变形较小，施加较小的拉力就可以恢复，B 部分变形较大，需要施加较大的拉力，如果坚持在与碰撞力相反的方向上施加拉力，如图3-3（b）所示，就会出现图3-3（c）所示的情况：A 部分已经拉直，B 部分还没有恢复，如果继续施加拉力，A 部分就会拉伸过度，这时可以按图3-3（c）所示调整拉伸力的方向，来减小施加在 A 部分的分力，增加 B 部分的分力。但在实际修复作业中，如何准确判断不同部位的损伤程度，以及如何确定拉力的角度就成了修复校正的关键。

提示

　　在实际修复中，由于碰撞后板件变形发生加工硬化，以及高强度钢板的塑性较低，拉伸时不要试图一次到位，要边拉伸边释放板件内应力，防止拉伸过度，造成断裂。

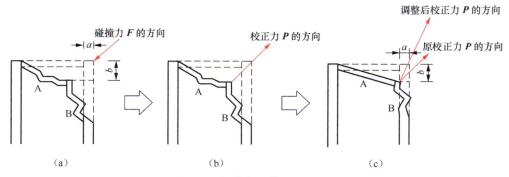

图 3-3　拉伸中调整拉力的方向

二、车身校正设备

1. 车身修复对校正设备的基本要求

在车身修理中，为了达到比较好的修复效果，必须使用有能力完成多种基本修复功能的校正设备。车身校正设备虽然种类繁多，但并不是每个被称为车身校正仪的设备都能高效、精确、安全地修复好汽车车身。为了能够较好地完成车身修复工作，车身校正设备必须具备以下条件。

　　① 配备高精度、全功能的校正工具。

　　② 配备多功能的固定器和夹具。

　　③ 配备多功能、全方位的拉伸装置。

　　④ 配备精确的三维测量系统。

　　对于非承载式车身的汽车，悬架系统和传动系统是直接安装在车架上的，如果车架结构已经过必需的校正，它们的安装位置也应该被校正。但是对于承载式车身的汽车，车身是一个整体结构，一些校正参考点位于车身结构的上部，超出了一般的二维车架校正设备的能力范围。另外，车架式结构可以接受反复的拉伸过程，而承载式车身的薄板结构，要求一次就调好位置，反复拉伸会使板件破裂。因此对于承载式车身的修复，其校正设备必须能同时显示每一个参考点上非准直度（变形）的大小和非准直度的方向。这也就要求校正设备除了具备全方位的拉伸功能之外，还要配备一套精确的三维测量系统，能够监控、指导整个校正过程。只有用这样的设备，车身修理人员才能够精确地确定拉伸校正次序，监控整个校正过程，并确定每个拉力的作用效果。

提示

　　现在的车身校正设备与车身测量系统都是一体的，这样的好处是使车身修复工作方便快捷，效率高，维修精度高。

2. 常用的车身校正设备

（1）地框式校正系统

　　地框式校正系统也叫"地八卦"，其原理是将框轨埋藏在地下，在框轨上安放自锁式锚固锁（见图3-4），通过液压顶杆（见图3-5），用铁链将车身拉出。

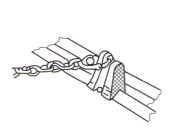

图 3-4　自锁式锚固锁

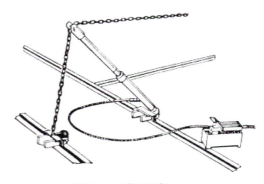

图 3-5　液压顶杆

　　虽然该设备较为传统，但由于制作简单、价格便宜，在一些早期开办的汽车维修企业中仍然在使用。虽然地框式校正系统校正车身是依靠机械的力量，但校正的精度主要依靠技师的经验和水平。因此，该设备虽然操作简单，价格便宜，但由于校正工艺和过程复杂，精度低，使用已越来越少，详细使用方法见本模块学习任务三。

（2）L型车身校正仪

L型车身校正仪（见图3-6）由校正系统主体、牵引小车（拉杆器）和校正架附件组成。它的牵拉装置装配有液压系统，在可移动的立架和支柱之间用链和夹钳牵拉被损伤的车身部分。因为容易搬运，这种装置很容易安放在损伤部位的牵引方向上。但是这种类型的装置只能在一个方向上拉拔，因此，它只适合做一些小的碰撞修复，对于复杂的碰撞变形不能进行精确的修复。

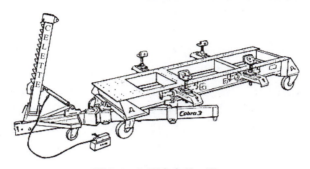

图3-6　L型车身校正仪

L型车身校正仪可以进行拉、顶、压、拔操作。当车身某部位在某个方向上被撞凹进去时，可先用工具夹紧该部位，再用牵引小车把它拉出来。如果车身某部件在某个方向上凸出来，L型车身校正仪也可以把该部位顶、压进去。可以视车身的损伤程度，使用L型车身校正仪对车身进行正面拉、侧面拉、水平拉、水平顶、向上拉、向下拉等操作，如图3-7所示。

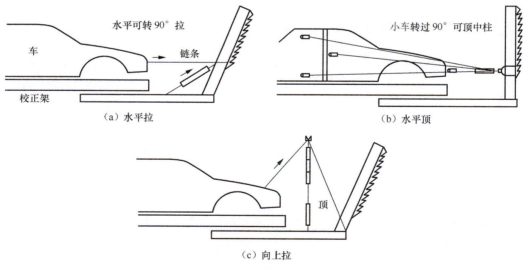

图3-7　L型车身校正仪的使用

 提示

L型车身校正仪较地框式校正系统要相对先进一些，早期在一些4S店中也有使用。但由于该设备只能校正一些简单的损伤，且对技师经验和水平要求仍然较高，故在市场上应用不多。

（3）框架式专用型车身校正仪

在20世纪90年代之前，车辆的类型比较少，框架式专用型车身校正仪（见图3-8）使用专用测量头，可以快速地把车身变形点拉伸到标准位置，达到修复的目的。

但是，由于现代车辆的多样性，导致了车身形式不断变化，修理时要配备的专用测量头也随之增加，修理的成本也随之增高。因此，现在在校正修理中开始越来越多地使用通用型车身校正设备。

（4）平台式车身校正仪

平台式车身校正仪（见图3-9）是一款通用型的车身校正设备，可以对各种类型、型号的车身进行有效校正。

图3-8　框架式专用型车身校正仪

图3-9　平台式车身校正仪

平台式车身校正仪有多种形式，但一般配有2个或多个塔柱进行拉伸校正。这种拉伸塔柱为车身修理提供了很大的自由度，可在车身的任何角度、任何高度和任何方向进行拉伸。其中，很多平台式车身校正仪有液压倾斜装置或整体液压升降装置，可以利用一个手动或电动拉车器，将车身拉或推到校正平台的一定位置上。

平台式车身校正仪同时也配备有很好的通用测量系统，通过测量系统精确的测量，可指导拉伸校正工作准确、高效地进行。

提示

平台式测量系统由于无法移动，受损后无法移动的车辆难以上校正平台（如悬架损伤的车辆），使用不方便。

三、车身校正的基本方法

1. 车身校正前的准备工作

先要根据测量和损伤分析结果制定精确的碰撞修理程序，再进行车身校正，这是车身结构修复的一个重要环节，只有修复程序设计正确，才可以按照已定好的程序完成车身修理操作，否则就可能需要进行二次修复，甚至出现无法修复的情况。

（1）车身损伤分析

特别是对承载式车身应进行详细的测量和车身损伤分析，在损伤分析过程中，分析得越详细、越彻底，修复计划就做得越完善，整个车身修复工作的质量、效率就越高。

 案例分享

几年前，编者在一个路口拐弯时，不小心蹭到了路边的水泥墩子，导致左前保险杠和翼子板凹进去一块。为了图方便，编者就近找了一家汽车维修店，维修人员简单看了一下就说："这是小剐蹭，只需修复一下车身，然后喷漆就好了"。但编者随后驾驶该车在路上行驶时，只要车速增加，车身就会出现抖动，而且车速越高，抖动越明显。编者只好将该车送到4S店检查，维修人员听取事故经过以及试驾情况后判断，该车不仅仅是左前保险杠和翼子板出现损伤这么简单，极有可能该车的左前防撞梁变形了。经过仪器的仔细检测，证实了维修人员的判断。对该车防撞梁校正后，车身抖动现象消除。通过这个案例说明车身修复前的损伤分析是非常重要的。

（2）车辆部件的拆除

在拉伸校正开始之前，应该拆去车上妨碍校正的部件。有些外覆盖件需要拆卸，有些机械部件也要拆卸。因为承载式车身的损伤容易扩散到一些意想不到的地方，有些甚至就藏在这些部件或系统里面，只有拆除这些部件后才能找出损伤位置。

拆卸汽车零部件要注意以下事项。

① 只拆卸那些为了接近车身进行修理而必须拆除的部件。例如，过去将承载式车身汽车放在校正台上之前，要拆去悬架、传动装置、发动机和水箱等总成。不过现在有了定位器和发动机台架等辅助设备，如果损伤不是非常严重，就可以不拆卸这些总成了。

② 在进行修复前，要仔细研究车身结构、损伤位置和损伤程度，再决定应拆去什么、保留什么，以及如何拆卸更为方便。

③ 有时在将汽车放到校正平台上之前就要拆去某些部件，从而更容易接近需要校正的部件和区域。

④ 更换某些结构件时需要拆掉的部件比修理这些构件时需要拆掉的部件更多。要花时间认真研究发动机、传动系统和悬架的安装位置，看这些部件本身是否损伤。在拆卸部件时应以单元的形式来拆卸，这样可减少拆卸的时间。

 提示

部件拆卸看上去比较简单，但如果操作不规范，就会在部件还原后，莫名其妙地多出一些螺钉和其他零件，这是很多维修企业都有可能出现的问题。没有严格的6S管理规范，这个环节是不可能做好的。图3-10所示为一组发动机拆装的照片，从这组照片中可以看出什么是规范。

（3）对车身进行测量

通过目测，我们可以知道一些车身损伤的情况，但只有通过精确的测量，我们才能够确切知道车身损伤的程度和变形的范围。确定了承载式车身结构的损伤程度并完全弄清楚了损伤区域之后，才能够制定出完善合理的修复计划，才可进行拉伸和校正。车身主要控制点尺寸在拉伸中要不断进行测量和监控，以保证修复的准确性。

图 3-10　一组发动机的拆装

提示

除了目测之外，测量还需要注意 2 点：一是对那些明显变形的部位和位置，可以先采用钢尺进行测量，以得出初步数据；二是选择合适的测量仪器对上述测量数据进行复核，以提高测量精度。

（4）制定拉伸程序

制定修理（拉伸）程序时，应遵循以下几条基本规则，以保证通过最少量的拉伸校正来修复损伤部件的变形，并且不会造成进一步的车身结构损伤。

① 按与碰撞相反的顺序修理碰撞时出现的损伤（先里后外），即最后出现的损伤要最先修理，最先出现的损伤要最后修理。

② 按与碰撞方向相反的方向来设计拉伸校正顺序。

③ 尽量使用合力拉伸。

④ 在拉伸时要不断进行测量。

2．拉伸操作方式

（1）单向拉伸系统

承载式车身的拉伸校正和非承载式车身的拉伸校正有很大的不同。通过一系列单向拉伸，通常就可将非承载式车身整平和校直。简单的朝一个方向的拉力，对非承载式车身的校正具有相当好的效果。非承载式车身的车架金属板厚度在 3mm 以上，可以承受反复的拉伸，一般不会发生拉伸过度或拉断的现象。

在承载式车身损伤较轻的表面，可以使用简单的单向拉伸。在拉伸修理结构复杂部件的损伤时，一定要注意防止与其关连的那些未损伤的或已修复的部位受到拉伸，以免造成不应有的损伤，甚至无法修复的结果。为了避免发生这类情况，需要使用复合拉伸系统辅助拉伸和定位。

（2）复合拉伸系统（多点拉伸）

承载式车身特别是大量使用高强度钢板的承载式车身，由于结构复杂，碰撞力更容易扩散到整个车身，而且承载式车身大部分板件都比较薄，高强度钢板在变形后内部有更多的加工硬化。在修理过程中，这些变形的板件在恢复形状时需要更大的力，当只用一个拉力拉伸校正变形部件时，变形还没有恢复，但是钢板可能已经被撕裂了，所以承载式车身的部件在拉伸时要求有多重拉力。这要求在每次拉伸校正过程中，尽量要找到2个或更多的拉伸点和方向。

复合拉伸系统具有支撑和拉伸甚至双向拉伸的能力，如图3-11所示。这种能力在修复承载式车身的二次损伤时，是很必要的。使用复合拉伸系统，能对任何拉伸进行严格控制，并大大提高拉伸的精确度。

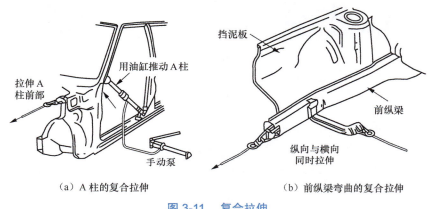

（a）A柱的复合拉伸　　　　　　　　（b）前纵梁弯曲的复合拉伸

图3-11　复合拉伸

复合拉伸方式可以完成下面一些工作。

① 可以同时拉伸2点或4点及以上，以保证精确地按所需方向进行牵拉，对承载式车身修复程度进行必需的控制。

② 多点的复合拉伸，极大地减小了每个点上所需的力，大的拉伸力通过几个连接点加以分散，因此减少了薄钢板被拉断的危险。

3. 拉伸校正操作

（1）拉伸校正的程序

拉伸校正程序就是从混在一起的众多小问题中，理清修理的先后次序，找出第1个需要修复的板件开始修复，然后修复第2个板件、第3个板件、……，如此循环。整个拉伸校正的程序在车身损伤分析、制定修理计划的过程中已经安排好了。在具体的校正修理过程中可能还需要根据具体情况做相应的调整。

整个车身在修理时，要按"从里到外"的顺序完成修理过程。因为车身尺寸的基准在车身中部，需要先对车身中部进行整修，使中部车身尺寸恢复，以它们为基准再对前部或后部的尺寸进行测量和校正。不是车身前部损伤就先修理前部部件，车身后部损伤就先修理后部部件，而是要先对车身的中部（乘员室）进行校正，使车身的中部和底部的尺寸特别是基准点的尺寸恢复到位。

1 个部件在受到损伤后，可能存在长度、宽度和高度 3 个方向的损伤，那么整修的顺序是首先校正长度，然后校正宽度，最后校正高度。

在整个拉伸校正的过程中，具体到每一个变形板件的拉伸校正时，拉伸校正的程度是由损伤部件的尺寸决定的。拉伸前需要知道每个损伤部件变形的方向和变形的大小，这需要在进行了准确的测量后才能决定，通过三维测量数据和车身标准数据对比可以知道变形的大小和方向。

对 1 个受损板件进行拉伸校正操作时，要用拉伸力使金属板件恢复到原先的形状，金属在受到外力时首先发生弹性变形，超过一定力量后才会发生塑性变形。在每一次的拉伸中，即使车身被牵拉至超过预定尺寸，车身部件也会由于弹性变形而只是部分地恢复尺寸。因此，在拉伸时应预先估计其金属回弹（弹性变形）量，并在拉伸过程中，留出一定的余量，不要试图一次就把变形拉伸到位（完全回到标准尺寸）。变形的金属板内部存在加工硬化（内部应力），如果不把加工硬化消除，拉伸的回弹量会很大，大力的拉伸也会使板件由于加工硬化而破裂。

每一个板件的修复需要很多次的拉伸操作，每一次拉伸时，只使受损板件产生少量的变形，然后卸力、测量，检查板件变形恢复的程度，还有多少尺寸没有恢复，再重复拉伸、测量、检查的工作过程，直到板件的尺寸恢复到标准尺寸允许的误差范围内。

（2）拉伸校正操作

现代的车身校正仪多使用液压的巨大推力，通过塔柱内的液压油缸，拉动拉伸链条，导向环变换拉力的方向，通过配备在塔柱上的顶部拉伸杆和下拉式装置对车身进行长度、宽度、高度 3 个方向的拉伸。使用塔柱的链条对固定在车身上的钣金工具可以进行多点、多向的拉伸。在拉伸时要注意塔柱必须固定牢靠，不能移动，否则有可能会对校正仪本身产生损害。

（3）拉伸操作的注意事项

① 承载式车身的强度比较大，同时对高温很敏感，不要试图一次拉伸就完成拉伸校正操作，而要通过一系列的反复拉伸操作：拉伸→保持平衡（消除应力）→再拉伸→再保持平衡（消除应力）。在这样 1 个循环往复的操作过程中，可以有更多的时间使车身板件恢复变形，有更多的时间使金属松弛（消除加工硬化的应力），有更多的时间检查和调整拉伸校正的进度。

提示

车身在拉伸过程中不允许随意加热，如需加热必须控制在 200℃ 以下，因为过度加热会导致车身结构的强度降低。

在拉伸开始时，要慢慢地启动液压系统，仔细观察车身损伤部位的移动，看它的变形是否与我们需要的变形相吻合，是否在正确的方向上。如果不是，要检查原因，调整拉伸角度后再开始。在拉伸到一定程度的变形后要停止并保持拉伸拉力，再用锤子不断锤击损伤区域以消除应力，卸载使之松弛，然后再次拉伸并消除应力。

② 车身的每个部件都有足够的强度来承受载荷，但在拉伸中钣金工具的夹持部位由于

夹持的面积小，会在夹持部位产生非常大的压强，导致夹持部位的板件损伤或断裂。在对一个部位施加的拉力比较大时，应该多使用一些夹钳，将拉力分散到板件的更大的区域。拉伸1个部位用2个夹钳时可以允许比用1个夹钳时增加1倍的拉力。

③ 车身部件的拉伸要从靠近车中心的部分向外进行，靠近中部部件的控制点尺寸到位以后，可以用1个辅助固定夹来固定，再拉伸下一段没有完全恢复尺寸的部分。如果对已经拉伸校正好的部位不进行辅助固定，再拉伸下一段时可能影响已修复好的部分。

④ 在拉伸时要一边间歇地施加拉力，一边检查车身部件的运动，确定拉力在损伤部位是否有效。如果看不到任何效果，就要考虑改变拉伸的方向或拉伸的部位是否合理。

⑤ 对于靠近交叉部位的弯曲，如纵梁的弯曲，可以夹住弯曲内侧表面进行牵拉。拉力的方向应与通过零部件原始位置的方向相同。

⑥ 如果损伤部件一些部位皱褶、折叠得太紧，内部的加工硬化太严重，在拉伸时板件会有被撕裂的危险。如果这些部件在吸能区，就不能进行维修了，需要进行更换。在对这些部件进行拉伸时需要对其加热消除应力。加热时要注意，只能在棱角处或两层板连接得较紧的地方加热。如果在车身纵梁或在箱形截面部分加热，只能使其情况进一步恶化。加热只能作为消除金属应力的一种手段，而不能把它作为软化某一部分的方法。现代车身一般不推荐在高强度板件上用焊炬加热，但有时可以小心地用焊炬加热（温度在200℃以下）。

4. 防止过度拉伸

钢板可以被拉长，但不可能通过推压使其缩短。任何损伤的钢板，在拉伸校正之后，超过了极限尺寸，就很难再收缩或被压缩了。过度拉伸唯一的修理方法就是更换损伤的板件。为防止因过度拉伸而损伤承载式车身，在每一次的拉伸校正过程中，都要对损伤部位的校正过程进行测量、监控。产生过度拉伸的原因一般有下面2个。

① 在修复中没有遵循"先里后外"的拉伸原则，导致修理程序混乱，修理好的板件的尺寸在修理其他变形板件时受到了影响，使原先已经校正好的板件长度又被加大了，超过了原尺寸。

② 在校正过程中没有经常地、精确地测量拉伸部位的尺寸，没有很好地控制拉伸的程度，这就可能导致过度拉伸，如图3-12所示。

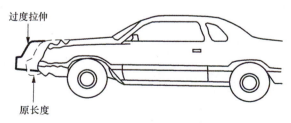

图 3-12　过度拉伸

提示

更换确实会增加成本，但为了安全起见，需要更换的部件必须要更换。因为过度拉伸已经造成了材质的塑性变形（不可恢复），理论上讲，部件强度已经不可能恢复到原有状态了。

四、车身校正技术

1. 车身前部碰撞损伤的校正

（1）车身校正前的准备工作

一辆左前部严重受损的汽车（见图 3-13）需要校正修复。首先要根据测量和损伤分析的结果制定精确的碰撞修理程序（工艺），然后按照已定好的程序完成车身修理操作。

① 损伤分析。根据碰撞的位置和碰撞力的方向检查车身。图 3-13 所示车辆的左前部受到与车身对角线方向平行碰撞力的损伤。它的左前部横梁、前挡泥板及左侧纵梁损伤严重，需要进行更换。前保险杠总成、水箱框架、水箱、发动机盖、左前翼子板、前挡风窗玻璃灯损伤严重，需要更换。而另一侧的前翼子板、前挡泥板、纵梁和左侧车门等可能只是受到左前部严重碰撞的影响，损伤并不严重，则需要进行修复，如图 3-14 所示。

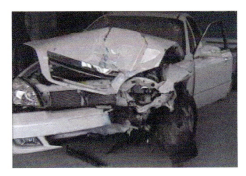

图 3-13　左前部严重受损的汽车

图 3-14　右部车身损伤分析

对于承载式车身来说，车辆前部受损，碰撞力有可能会传到车身的后部，造成风窗立柱（见图 3-15）、车顶框架等车身框架变形。在驾驶室内部也能看到左侧车门立柱内部内饰件错位的情况（见图 3-16），说明该处立柱已经变形。

图 3-15　A 柱产生褶皱

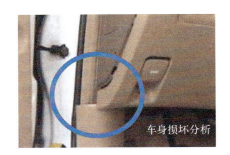

图 3-16　左侧车门立柱内部内饰件错位

② 确定拉伸程序。根据碰撞位置可以分析出车身的左前方受到碰撞（见图 3-17），水箱框架和前纵梁都受到严重损伤，前柱也向后变形，为了修复变形，就需要按照与碰撞方向相反的方向对左侧纵梁和 A 柱进行牵拉（见图 3-18）。在 A 柱尺寸恢复后，再把需要更换的左前纵梁拆除，然后修理右侧挡泥板和纵梁。需要修理一侧的整个挡泥扳或纵梁可能仅在右边或左边略有弯曲，在纵向方向没有变形。

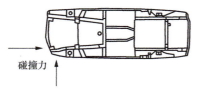

图 3-17　确定损伤方向

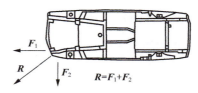

$$R=F_1+F_2$$

图 3-18　确定拉伸方向

（2）拆卸妨碍工作的部件

在拉伸校正开始之前，应该拆去车上妨碍校正工作的部件，包括发动机舱的某些机械部件。首先拆卸变形严重的发动机盖（见图 3-19）和左前翼子板，以及大灯、保险杠、保险杠支撑，发动机舱左侧妨碍修复操作的机械部件也要拆卸。由于左侧前纵梁后移使车内地板隆起，仪表板、转向盘等也要进行拆卸，便于进行校正。减振器支座后移严重，造成左前轮卡死无法转动时，需要将其拆卸并更换为合适高度的支架（见图 3-20），在支架下垫上移动拖车器，方便事故车辆的上平台操作。同时，也要查看拆卸下来的部件是否受到了损伤，并决定是需要维修还是需要更换。

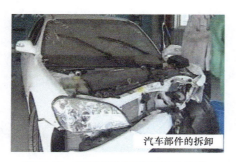

图 3-19　拆卸损伤严重的发动机盖

图 3-20　安装代替车轮的支架

（3）事故车在平台上的定位

① 事故车上平台的操作。在车辆上平台之前要清除平台上以及平台与车辆之间的其他物品，以免影响上车操作。根据校正设备的升降类型，把平台一侧倾斜或整体降到最低高度，用手动或电动拉车器把车辆拉到平台上的合适位置，如图 3-21 所示。因为事故车的维修重点是前部区域，所以车辆在平台上的位置要稍靠前一些。

② 确定测量基准。如图 3-22 所示，车辆上到平台上后，首先确定车身与测量系统的基准，然后在校正平台上定位。因为测量工作要贯穿整个车身的维修过程，特别是使用机械式测量系统时，所以车辆在固定前必须要找好测量的 3 个基准。车辆在拉伸的过程中是不能有位移的，否则，测量基准一旦发生变化，只有在重新找到测量基准后才能进行测量。如果使用全自动电子测量系统，如超声波测量系统，就不需要进行测量基准的找正，因为计算机能自动找到测量的基准。

③ 固定车辆。测量的基准找到后，就可以对车辆进行固定了。对于非承载式车身，可以在车架的固定孔（位于车架的架梁上）内放置适当的塞钩对车架进行定位。为使塞钩与车架梁对中，需要用垫块进行调整，或者使用链条张紧器调整。为防止牵拉力过大而对车身造

成损伤，建议在孔上焊接加强垫片后再拉伸。

图 3-21 事故车上平台　　　　　图 3-22 确定车身与测量系统的基准

对于承载式车身，必须用多点固定的方式（至少需要 4 个固定点）对车身进行固定，如图 3-23 所示。根据车身结构及拉伸部位的不同，有时或许还需要另外的固定点。将主夹具夹持在车身下部点焊裙边的位置，通过调整主夹具的高度将车身调整至水平，并且与校正台之间留出一定的操作空间。车身位置调好以后，将主夹具紧固（见图 3-24），保证车身、主夹具和校正平台之间刚性连接，没有位移。在对车身坚固部件进行拉伸操作时，最好在与拉伸方向相反的方向设置一个辅助牵拉装置以抵消拉伸的力量，防止被夹持部件受到损伤。

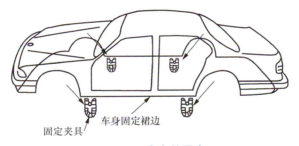

图 3-23 车身的固定

④ 继续拆除妨碍测量和拉伸的零件。由于前横梁变形严重致使水箱等零件无法拆卸，因此需要对水箱框架进行预拉伸，如图 3-25 所示，有一定的操作空间后将水箱框架切除，可以用等离子切割枪切除水箱框架（见图 3-26）和左纵梁前部损伤部位。然后将水箱拆卸下来，再把发动机的相关部件拆除。

图 3-24 主夹具对车身和平台进行紧固　　　　　图 3-25 预拉伸水箱框架

在拆除右侧水箱框架时，可以使用电焊转除钻切割焊点，分离板件（见图 3-27）。左侧纵梁和挡泥板要保留，因为需要通过拉伸这些部位来校正 A 柱的变形，把 A 柱的变形拉伸校正好以后，再将其切割更换新件。

图 3-26　切割水箱框架　　　　　　　图 3-27　切割右侧水箱框架

（4）事故车的测量

① 初步测量。首先对碰撞部位附近的车身形状进行简单的测量，比如通过对左前门框的测量（见图 3-28）可以知道，A 柱后移造成风窗立柱向上拱曲，门框变窄，车门无法关严。然后根据初步测量的结果对受到损伤的部位进行大致拉伸校正。通过拉伸前纵梁（见图 3-29）使 A 柱变形得到一定程度的恢复，达到车门能关闭的程度就可以了。接下来需要用三维电子车身测量系统对车身进行精确的测量。

图 3-28　测量变形的车门框的宽和高

②精确测量。按照测量系统的使用方法来对车身进行整车检查，对变形部件进行测量，还需要知道受损板件变形的方向和大小。将测量系统安装好，选择合适的车型和测量模式。因为车辆的前部受到损伤，所以测量的基准点要选择后部右侧基准点 B，根据提示选择合适的测量探头 C30 和加长杆 E100，如图 3-30 所示。然后将探头、加长杆和传感器安装到测量点上，按同样的方法安装其他测量点的传感器。

图 3-29　拉伸前纵梁

　　因为承载式车身结构的前端有碰撞吸能区，在受到一定程度的碰撞损伤情况下，这些区域可以将碰撞的动能转化为变形的机械能，保证其他部位的完好。但是如果碰撞力超过吸能区的能力范围，碰撞力就会通过地板纵梁、门槛纵梁、上部车身框架向车身后部传递，如图 3-31 所示，造成车身后部的变形。所以在测量时，车身后部尺寸也要测量。通过测量，知道事故车的变形主要集中在左前部，车身后部变形尺寸小于 3mm，在准许的变形范围内，只要将车身左前部拉伸到规定尺寸就可以了。

图 3-30　选定测量基准点

图 3-31　碰撞后力的传递

（5）对损伤部位拉伸校正

拉伸前围和前柱时要用到未拆卸的前纵梁和挡泥板，因为碰撞严重，损伤扩散到车体 A 柱，导致车门关不上。通过拉伸恢复 A 柱的标准尺寸，在拉伸的过程中要不断地测量。拉伸变形部位到标准尺寸后稳定不动，对变形区域锤击（见图 3-32）以消除应力，使金属的弹性变形减小一些。然后释放拉力，再拉伸并维持拉力不变，锤击变形部位消除应力，再释放，进行测量，直到损伤部位的尺寸恢复到误差准许的范围内为止。

通过拉伸恢复 A 柱的尺寸后，就可以将前纵梁和挡泥板拆下。在分离前纵梁和 A 柱时，首先要将电焊部位的防腐蚀涂层清除掉，如图 3-33 所示，注意清除的面积要尽可能小，能清楚地看到电焊的轮廓就可以了。可以使用电钻将焊点切除，在切除焊点时注意不要损伤下层金属。

图 3-32　锤击变形部位，消除应力

图 3-33　分离纵梁与 A 柱

通过测量发现，A 柱车门铰链处的尺寸误差较大，需要校正。用螺栓把拉伸工具固定在 A 柱铰链部位进行拉伸，如图 3-34 所示。然后把拉伸工具通过车身底部的孔固定在车身上（见图 3-35），对 A 柱底部和前地板部位进行拉伸，拉伸中要不断地监控数据的变化。

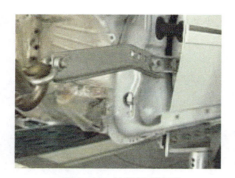

图 3-34　拉伸铰链部位

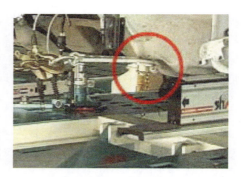

图 3-35　拉伸 A 柱下端

　　如果维修中简单地夹住挡泥板，对纵梁前缘进行拉伸，则不能修理好车身 A 柱或前围板的主要损伤。需要对损伤部位进行多点拉伸，如果拉伸效果不好，还可以一边拉伸一边用液压顶杆从里边推压，用夹具夹住前风窗立柱变形部位向下拉伸（见图 3-36）。风窗立柱的校正要等到 A 柱校正完成后进行。随着 A 柱和风窗立柱尺寸的恢复，前门的安装尺寸也在变好，但是还需要调整风窗立柱和 B 柱（见图 3-37），来达到良好的配合效果。

图 3-36　液压顶杆推压

图 3-37　校正 B 柱

　　（6）安装更换部件

　　通过校正把变形的部位恢复尺寸后，就可以安装需要更换的部件了。车身 A 柱、前围板、前地板、风窗立柱和 B 柱校正好以后，就可以安装前纵梁、前挡泥板和水箱框架了。更换的部件可以是新部件，也可以是从其他车身上更换下来的良好部件（见图 3-38），按照原来的安装痕迹来安装新部件。将前纵梁的延伸段在 A 柱处定位（见图 3-39），再把前纵梁和挡泥板组件与前围板和 A 柱按安装痕迹初步定位。在更换的前纵梁的检测孔内安装测量传感器，测量尺寸误差，并进行适当的调整，调整好后用大力钳和螺栓将前纵梁和挡泥板组件固定。把水箱框架安装到前纵梁上，并对水箱框架进行测量，把尺寸调整到误差允许的范围内，用螺钉固定。

　　安装翼子板和发动机盖时，要不断调整新安装板件的安装缝隙，直到缝隙均匀且左右对称，如图 3-40 所示，并对其进行临时紧固。通过对车身结构尺寸的测量，来检验结构件的校正是否到位。通过装配检验车身覆盖件是否安装到位。通过测量和外观检测调整好板件以后，就可以对更换的结构件进行焊接了。

图 3-38　更换的前纵梁

图 3-39　定位前纵梁

图 3-40　检查发动机盖和翼子板的装配

　　焊接前要将发动机盖、翼子板、水箱框架拆掉，拆卸前用记号笔做好定位标记。测量前纵梁与挡泥板组件的尺寸，确定无误后进行焊接操作。前纵梁的焊接要采用二氧化碳保护焊，如图 3-41 所示。水箱框架可以用电阻点焊焊接，也可以用二氧化碳保护焊进行塞焊连接。结构件焊接完成后，安装翼子板、发动机盖、前保险杠总成和前大灯等，如图 3-42 所示。

提示

　　在实际维修中，有经验的钣金修复技师在纵梁焊接前，会做焊接后焊缝的收缩量的预估，通常会将尺寸稍稍放大至 1～2 倍板厚。

图 3-41　用二氧化碳保护焊焊接前纵梁组件

图 3-42　车身维修竣工后的车辆

（7）校正后的检查

修理（包括所有校正和焊接操作）完成以后，要对车辆进行最后的检查。在检查时，车身修理人员需要绕着汽车周围观察，看看是否有明显的校正错误。如果在车顶线和车门之间存在大的缝隙，就说明还有少量损伤存在。按顺序检查修理项目，看每一项是否都做好了，如果检查中发现问题，应马上将车固定起来，重新进行拉伸，不要等到更多的修理程序完成之后，再来修理。检查时应该注意以下几点。

① 检查车门与车门槛之间的空隙（应该是一条又直又窄的缝隙）。

② 检查整个车身上部所有部位总的平整情况。

③ 开、关车门，掀、关发动机盖和行李舱盖，看开关时是否感觉过紧。

④ 准备进行车身涂装操作。

2. 车身后部碰撞损伤的校正

与车身前部比较，车身后部的板件结构更复杂，损伤可能扩散得更严重，因此，对损伤的评估必须更加精确。在后部碰撞时保险杠会被损伤，而且碰撞力通常会通过后纵梁的尾端或附近的板件进行传送，引起"上弯"部位的损伤。其次，轮罩也将变形，引起后侧围板向前移动，造成部件之间的间隙的变化。如果碰撞十分严重，还将影响到车顶、车门或B柱。将钣金工具或钩子固定在后纵梁的后部、后地板或后顶盖侧板后端部分（见图3-43），一边进行拉伸，一边测量车身下面每一部分的尺寸，观察车身板件的配合和间隙情况来决定修理程度。

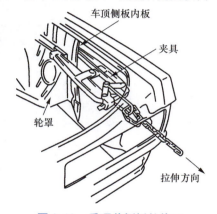

图 3-43 后顶盖侧板的修理

当后纵梁被撞进轮罩，后门有间距误差时，不能对有少量变形甚至没有变形的后顶盖做拉伸，而只能靠拉伸纵梁来消除后顶盖侧板的应力。如果轮罩或车顶侧边的内板和后部纵梁一起夹紧拉伸，那么车门的间隙就很容易校正到位。

车头部分的碰撞也可能引起车尾部分结构的变形。当出现上述情况时，应将车尾较低部位的结构夹紧在校正台上。初步的拉伸将恢复一些较低的校正点，这时应重新放置夹钳（校正点和固定点的数量也将随之变化），以保护已完成的校正，然后继续进行拉伸。

一旦修复到位后，要对这些部位进行辅助固定，防止在进行下一步拉伸时影响已经校正好的部件。在进行初步拉伸后，应拆除损伤严重不能再进行修理而需要更换的部件。

3. 车身侧面碰撞损伤的校正

（1）损伤分析，确定拉伸程序

汽车受到来自一侧的碰撞（见图3-44）后，门槛板中心位置受到严重损伤，门槛纵梁弯曲，地板会变形，车身前后部弯曲，使车身扭曲成香蕉状（见图3-45）。修理这种类型的损伤时，可使用与拉直一根弯铁丝一样的方法，将车身的两端拉开，再将塌下去的车身侧面向外拉，图3-46表示了拉伸修复的方向。

（2）车辆固定

将车辆用主夹具固定在校正平台上，必要时要在车辆上使用一些辅助夹具来加强车辆定位（见图3-47）。

图 3-44　车辆侧面碰撞

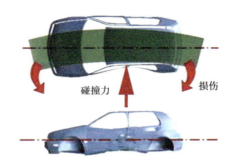

图 3-45　碰撞力和损伤的方向

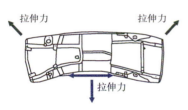

图 3-46　校正时拉伸的方向

图 3-47　车辆的固定

（3）纵向拉伸车辆的中部

将主夹具紧固在车辆的门槛板裙边上，主夹具与平台之间不固定。用液压顶杆顶在 2 个主夹具上进行中部向两侧的拉伸，如图 3-48 所示。同时在 B 柱门槛上边的裙边上安装 2 个夹具进行侧向拉伸，如图 3-49 所示。因为中部受损后拉伸力比较大，需要同时进行 2 个点以上、多个方向的拉伸。

图 3-48　向两侧拉伸

图 3-49　B 柱向外拉伸

（4）拉伸车辆的前端弯曲

由于车辆的前后有弯曲变形，所以要对前部进行拉伸校正，如图3-50所示。通过测量可以看出前纵梁的尺寸有朝向撞击方向的变形，用尼龙带或其他夹具对前纵梁进行拉伸。拉伸时注意链条导向环和链条的高度要与纵梁平齐，不要太高或太低，否则拉伸时会产生向上或向下的力，使纵梁发生上下弯曲变形。

（5）拉伸车辆的后部弯曲

由于车身后纵梁与前纵梁存在同样的问题，拉伸车辆后部弯曲时也要根据测量尺寸的结果来进行校正，如图3-51所示。

图 3-50　汽车前部拉伸

图 3-51　汽车后部的拉伸

（6）侧向拉伸门槛板

在碰撞时门槛板承受了很大的力，变形量大，有些板件可能需要更换，但必须在校正后才能够进行更换。通过大力拉钩侧向拉伸（见图3-52）时，大力拉钩与车辆板件的接触受力点要根据情况选择不同接触面积的垫块，同时注意拉伸的方向，遵循拉伸的要点，使应力充分放松。

图 3-52　门槛板的侧向拉伸

（7）侧向拉伸 B 柱

车身的 B 柱在碰撞中也会变形，因此也需要拉伸（见图3-53）修复。通过测量车门的铰链、门锁安装点、车门边的焊接接口处的尺寸数据来确定拉伸的程度。在拉伸B柱下部时，为了防止B柱上部也跟着变形，需要用尼龙带在B柱上部进行辅助拉伸。

图 3-53　B 柱的拉伸

4. 校正后的检查

修理（包括所有校正和焊接操作）完成以后，要对车辆进行最后的检查。修理人员需要绕着汽车周围观察，看看是否有明显的校正错误。如果在车顶线和车门之间存在大的缝隙，就说明还有少量损伤存在。按顺序检查修理项目，看每一项是否都做好了，如果检查中发现问题，应马上将车固定起来，重新进行拉伸，不要等到更多的修理程序完成之后，再来修理。检查时应该注意以下几点。

① 检查车门与门槛之间的空隙（应该是一条又直又窄的缝隙）。

② 检查整个车身上部所有部位总的平整情况。

③ 安装车门（见图 3-54），检查车门的配合间隙（见图 3-55），掀、关发动机盖和行李舱盖，看开关时是否部件之间过紧。最终检查完毕之后，汽车可留在校正台上，重新装上那些修理前被取下的部件，然后从校正台上移下来。

图 3-54　安装车门

图 3-55　检查车门的配合间隙

车身结构修复是一项较为复杂的汽车损伤修复工艺，不仅涉及相关技能，更关系到被修复车辆在行驶中的安全，因此需提示读者关注和学习相关步骤及环节。

由于工艺的复杂性，需要对修复过程做一个清晰、准确的归纳和指导，建议的分类如下所述。

（1）基础准备阶段

准备检测设备、维修校正设备和维修手册等相关资料。

（2）检测阶段

检查车身损伤，可通过目测和仪器测量相配合。

（3）修复方案设计阶段

根据损伤情况，判断哪些部件需更换，哪些部件可以维修，对于可维修的部件还要设计好维修步骤，合理的维修步骤可以使工作事半功倍。

（4）修复操作

修复顺序、工艺、流程要规范，同时不要忽略消除应力。

（5）校正后的检查

校正后一定要认真检查，注意检查规范与流程。

（6）填写技术档案和工作小结

每次维修工作后认真总结经验有助于提高自身的业务水平。

提示

在4S店的整个钣金业务中，普通钣金（也称之为小钣金）占业务量的80%以上，但大钣金（主要是指车身结构的校正修理及事故车的修复）占利润的75%以上。

□ **知识拓展** □

（1）使用专用校正设备和平台式车身校正设备维修车辆的步骤的异同点。

（2）什么情况下可以不使用测量系统对车身进行校正？又该如何进行校正？

□ **任务总结** □

微课

车身校正认知

车身校正认知

1. 车身校正的重点

车身校正的重点是"精确地恢复车身的尺寸与状态"。

2. 尺寸必须调整到位

如果车身结构没有整形到位，仅仅通过调整或垫上垫片等方法把更换的钢板装好，把修整和其他机械方面的问题留给维修人员去做显然是不妥当的。这种做法不仅仅是不负责任的表现，从专业角度而言，属于不合格维修，可能导致不能交付甚至报废的严重后果。

3．不能校正需更换

在车身校正时消除由于碰撞而造成的车身和车架上的变形和应力也是非常重要的。并不是所有的变形部件都可以在校正后继续使用的，有些部件特别是高强度和超高强度钢制造的部件，其变形后内部的应力相当大，而且用常规的方法无法消除这些应力，所以就不能校正而要更换。

4．校正的基本原则

校正（拉伸）车身时，有一个基本原则，即按与碰撞力相反的方向，在碰撞区施加拉力。当碰撞力很小，损伤比较简单时，这种方法很有效。

5．拉力的大小和方向

当损伤区域有皱褶，或者发生了剧烈碰撞时，构件变形就比较复杂，这时仍采用沿着一个方向拉伸的方法就不能使车身恢复原状。这是因为变形复杂的构件，在拉伸恢复过程中，其强度和变形也随着改变，因此拉力的大小和方向也需要适时改变，把力仅仅施加在一个方向上，就不能取得好的修复效果。

6．确定有效拉力方向的原则

在拉伸校正时，要同时在损伤区域不同的方向上施加拉力。把力加在与变形相反的方向可以看做是确定有效拉力方向的原则。

7．车身校正设备

为了能够完成车身修复工作，车身校正设备必须配备高精度、全功能的校正工具，多功能的固定器和夹具，多功能、全方位的拉伸装置，以及精确的三维测量系统。

8．反复拉伸

车架式结构可以接受反复的拉伸，而承载式车身的薄板结构，要求一次就调好位置，反复拉伸会使板件破裂。

9．修理顺序

制定修理（拉伸）程序时，应按与碰撞损伤相反的顺序（先里后外）。

10．单向拉伸

在承载式车身损伤较轻的表面可以使用简单的单向拉伸。

11．复合拉伸

承载式车身大部分的板件都比较薄，高强度钢板在变形后内部有更多的加工硬化、在修理过程中，恢复这些变形的板件的形状需要更大的力，当只用一个拉力拉伸校正变形部件时，变形还没有恢复，但是钢板可能已经被撕裂了，所以承载式车身的部件在拉伸时要求有多重拉力。这要求在每次拉伸校正过程中，尽量要找到两个或更多的拉伸点和方向。

12．拉力方向

在拉伸时必须使拉力方向的延长线通过夹齿的中间，否则夹钳有可能受扭转的力而脱开，还会对钳口夹持的部位造成进一步的损伤。

13．先修车身中部

整个车身在修理时，要按"从里到外"的顺序完成修理过程。因为车身尺寸的基准在车身中部，需要先对车身中部进行整修，使中部车身尺寸恢复，以它们为基准再对前部或后部的尺寸进行测量和校正。不是车身前部损伤就先修理前部部件，后部损伤就先修理后部部件，而是要先对车身的中部（乘员室）进行校正，使车身的中部和底部的尺寸特别是基准点的尺寸恢复到位。

14. 校正顺序

一个部件在受到损伤后，可能存在长度、宽度和高度 3 个方向的损伤，那么修整的顺序是首先校正长度，然后校正宽度，最后校正高度。

15. 拉伸校正的程度

在整个拉伸校正的过程中，具体到每一个变形板件的拉伸校正时，拉伸校正的程度是由损伤部件的尺寸决定的。拉伸前需要知道每个损伤部件变形的方向和变形的大小，这需要在进行了准确的测量后才能决定，通过三维测量数据和车身标准数据对比可以知道变形的大小和方向。

16. 多次拉伸操作

每一个板件的修复需要很多次的拉伸操作，每一次拉伸时，只使受损板件产生少量的变形，然后卸力、测量，检查板件变形恢复的程度，还有多少尺寸没有恢复，再重复拉伸、测量、检查的工作过程，直到板件的尺寸恢复到标准尺寸允许的误差范围内。

17. 调整链条和液压顶杆

在拉伸中，根据拉伸部位的高度来调整链条和液压顶杆的长度和高度，链条一端固定在汽车的钣金工具上，调整液压顶杆的接管长度，以便达到恰当的高度。如果顶杆与链条固定点之间的链条偏离了垂直状态，就必须马上停止拉伸，否则链条端部的固定点和顶杆支撑点部位可能出现过载，导致链条断裂。

18. 拉伸操作

由于承载式车身的强度比较大，同时对热很敏感，不要试图一次拉伸就完成拉伸校正操作，而要通过一系列的反复拉伸操作：拉伸→保持平衡（消除应力）→再拉伸→再保持平衡（消除应力）。在这样一个循环往复的操作过程中，可以有更多的时间使车身板件恢复变形，有更多的时间使金属松弛（消除加工硬化的应力），有更多的时间检查和调整拉伸校正的进度。

19. 消除应力

在拉伸到一定程度的变形后要停止并保持拉伸拉力，再用锤子不断锤击损伤区域以消除应力，卸载使之松弛，然后再次拉伸并消除应力。

20. 辅助固定

车身部件的拉伸要从靠近车中心的部分向外进行，当靠近中部部件的控制点尺寸到位以后，可以用一个辅助固定夹来固定，再拉伸下一段没有完全恢复尺寸的部分。如果不对已经拉伸校正好的部位进行辅助固定，再拉伸下一段时可能影响已修复好的部分。

21. 过度拉伸的原因

产生过度拉伸的原因一般有 2 个：一是在修复中没有遵循"先里后外"的拉伸原则；二是在校正过程中没有经常地、精确地测量拉伸部位的尺寸，没有很好地控制拉伸的程度。

22. 过度拉伸的维修

过度拉伸唯一的修理方法就是更换损伤的板件。

23. 夹紧位置

如果修理中简单地夹住挡泥板，对纵梁前缘进行拉伸，则不能修理好 A 柱或前围板的主要损伤。在这种情况下，应取下挡泥板和纵梁，在前围损伤处夹紧。

24．拉伸车架

在车架右前部朝右侧拉伸校正车架的弯曲时，要在右后部朝右侧拉紧定位，在左前部朝左侧拉紧定位。

25．拉伸纵梁后部

修理纵梁后部损伤时可在纵梁根部焊接焊片后拉伸。

26．校正门槛板

门槛板在碰撞时承受了很大的力，变形量大，有些板件可能需要更换，但必须在校正后才能够进行更换。使用大力拉钩向外进行拉伸时，大力拉钩与车辆板件的接触受力点要根据情况选择不同接触面积的垫块，同时注意拉伸的方向，遵循拉伸的要点，使应力充分放松。

27．拉伸 B 柱

在拉伸 B 柱下部时，为了防止 B 柱上部也跟着变形，需要用尼龙带在 B 柱上部进行辅助拉伸。

28．校正后的检查

车身校正后检查时应注意以下几点。

（1）检查车门与车门槛之间的空隙（应该是一条又直又窄的缝隙）。

（2）检查整个车身上部所有部位总的平整情况。

（3）开、关车门，掀、关发动机盖和行李舱盖，看开关时部件之间是否过紧。

29．向上拉伸

汽车车身有些部件受到向下的碰撞力，发生向下的弯曲变形，有些有斜拉臂装置的校正仪可以完成向上的拉伸校正工作，但是斜拉臂的拉伸力较小，只能拉伸车顶等需要比较小的校正力的部位，需要比较大的拉伸力的部位可以用液压顶杆辅助向上顶伸。

30．向下拉伸

汽车车身上有些部件会有向上变形，需要用下拉式装置向下进行拉伸。有时拉伸要在车身底下塞上垫块加以支撑，然后通过下拉式装置将车身高端向下拉，这样可修复车身基准线。当用下拉式装置向下拉伸时，塔柱上的链条（导向环）必须处在最低位置。

□ 问题思考 □

（1）车身校正的基本原则是什么？

（2）车身修复对校正设备的基本要求是什么？

（3）车身校正前的准备工作有哪些？

（4）什么是单向拉伸系统？

（5）什么是复合拉伸系统？

（6）拉伸校正按照什么程序进行？

（7）拉伸操作的注意事项有哪些？

（8）产生过度拉伸的原因是什么？

车身板件的应力消除

（1）理解金属内应力产生的原因。
（2）了解金属内应力的消除方法。
（3）了解应力对车身部件的影响。
（4）培养追求质量品质和匠心铸魂的精神。

□ 相关知识 □

车身钢板内的应力可以看作是一种对修理起阻碍作用的内部阻力，当钢板变形时，在变形部位就会产生应力。如果不消除应力，会使拉伸操作变困难，所以在拉伸校正时要经常消除应力。如果修理时只是把钢板形状恢复了，而没有消除应力，钢板内的应力可能会使钢板发生变形、表面涂层脱落和焊点被拉开等现象，所以消除应力非常重要。常用的消除应力的方法有锤击和加热，由于加热时的温度不好控制，所以尽量采用锤击的方式消除应力。

提示

金属材料的应力是一种物理属性，当材料受到外力时，其内部结构中的晶体就会发生变形，这种变形如果在弹性范围内，材料就会产生还原的力，这个力被称为应力。在车身维修过程中，会大量采用拉伸和变形修复工艺，如不及时将应力消除，不仅会影响形状的恢复，还会导致其原有的金属强度下降，严重的将会产生安全隐患。

一、金属内部的应力

拉伸校正的目的是将损伤的车身恢复到原来的形状，但是恢复到原来形状的金属会由于再一次的变形而使内部加工硬化（应力）的程度加重，从车身表面上看，车身损伤已经修复好了，但钢板内部的状态并没有恢复。车身修复的目的是使金属恢复到原来的状态。

外形和内部状态是不同的，有些能变回原来的外形，而不能恢复原来的内部状态。在拉伸校正过程中，需要解决 2 个问题。

① 恢复车身的原来形状。

② 消除或减少由于事故使车身板件反复变形而积累的应力，恢复板件原来的状态。

1. 金属内应力产生原因

平直金属材料中的晶体处于相对松弛的状态（见图 3-56）。

一块金属受到压力而弯曲时，其内部的晶体会发生轻度变形（见图 3-57），就会产生应力。压力解除后，如果金属有足够的弹性，晶体将回到原来的状态。

如果金属在碰撞中弯曲得很厉害，板件外侧的晶体受张力而严重扭曲，内侧的晶体则受压力而扭曲（见图 3-58）。由于超过了金属的弹性极限，金属会产生塑性变形。在变形的部位有大量应力的存在，以保持住这种状态。

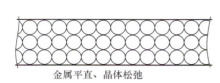

图 3-56 平直的金属内部晶体松弛

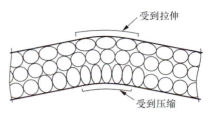

图 3-57 板件弯曲时内部晶体变形

拉伸校正的金属板的外形恢复后，允许有微小变形和不均匀晶体的存在，金属内部晶体如图 3-59 所示，晶体的排列状态并没有随着板件外形的改变而改变，金属内部还会有大量的应力存在。

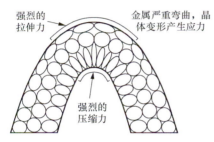

图 3-58 严重弯曲的金属板内部晶体的变形

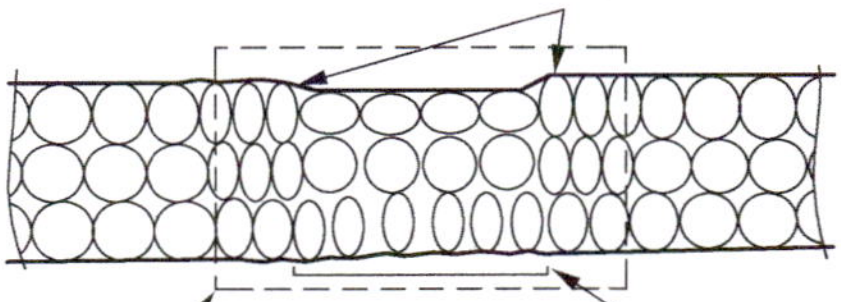

图 3-59 平直的板件校正后内部的晶体依然存在变形

2. 金属内部应力的消除

外形修复到与原形接近的金属板，其晶体可能仍处于扭曲状态，并形成新的扭曲区域。在可控制的加热（一般在 200℃ 以下）和锤击条件下，金属内部晶体能被激活，重新松弛并恢复到原来状态。加热和外力使金属板恢复到原来的状态，减少了应力，使金属板尽可能地恢复平直，并且保持它原来的状态，如图 3-60 所示。在消除高强度钢板的应力时尽量不要采用加热的方式。

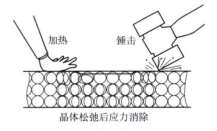

图 3-60 晶体变形的恢复

二、应力对车身部件的影响

1. 车身材料内部形成应力的原因

应力可以看做是一种内部阻力，这种阻力是物质在特定的负载下变形时产生的。在碰撞修理中，应力可定义为一种存在于原材料中的、对修理起阻碍作用的内在阻力。这种阻力（或应力）是由以下原因造成的。

① 板件变形。
② 过度加热。
③ 不正确的焊接操作。
④ 不理想的应力集中。

2. 承载式车身上的应力引起某些部件的变形（见图3-61）

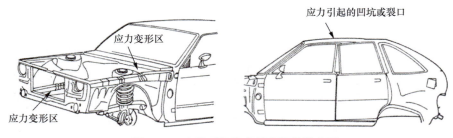

图 3-61　应力引起车身某些部件的变形

承载式车身上的应力引起的变形如下所述。

① 车门、发动机盖、行李舱、车顶开口的变形。

② 挡泥板和纵梁上的凹痕和皱纹。

③ 悬架系统和发动机安装点的变形。

④ 地板、支架和齿轮装置的损伤。

⑤ 油漆和内涂层的开裂。

⑥ 焊点被拉开或断裂。

⑦ 焊缝和焊缝的保护层裂开。

因为在修理时损伤部位比相邻部位要产生更大的阻力（应力），所以有时需要附加夹钳来固定。例如，损伤的梁对张力的阻力就比与它连接的前盖板或隔板的阻力大。用一个夹钳可防止前盖板或隔板移位，修复力能直接作用在梁上。在拉伸校正中，所有关键的控制点必须进行测量以控制其方向，并防止拉伸过度。

通常，如果由某一碰撞力的扩散而产生的变形没有导致皱曲，拉伸校正中有效的拉力将使问题简单化。当拉伸大型板材，如车顶板材时，板材容易变形，要特别注意。例如，向后拉伸时，用一把修平刀压在变形区域的背面，有助于变形的恢复。

在拉伸校正中，利用拉力作用恢复板件的变形，再用橡胶锤消除应力。橡胶锤通常与修平刀或木块（作垫块用）一起将打击力分散到较大面积上，从而消除应力，使金属板由于弹性回到原来的大小和形状。主要损伤部位相邻的地方也要用弹簧锤敲击以消除应力。

　提示

　　并不是发生变形后车身才有应力，在制造中车身板件就有应力，如各个筋线部位。在车身制造中，常使用板件的应力加强车身强度。但在制造过程中，通过相关工艺已经将其应力消除。

3. 应力消除

用一块型钢或木块、铁锤，可以消除大量应力。大多数应力消除是冷作用，不需要很多热量，假如需要加热，也要小心加热，并加以控制。消除现代车身上的高强度钢板（如车身的纵梁、门槛和立柱等部位）上的应力时，不能用加热的方式。

　　加热通常会产生某种程度的氧化或一定量的氧化皮，还会产生脱碳作用。氧化皮影响金属的表面光洁度，脱碳作用引起表面软化，严重影响疲劳寿命。氧化皮的量很大程度上取决于加热的时间和温度。加热件背面氧化皮的厚度总是比暴露于火焰的表层要厚一些。火焰层直接接触表面由于有燃烧气体保护，不致氧化，但背面一旦达到适当的温度，就会氧化。同一部位每次重新加热，都会产生更多的氧化皮。

　　如果损伤部分需要加热，必须严格遵守汽车维修手册上的建议。例如，在承载式车身梁上加热时，应仅在梁的角上加热。加热后不能用水或压缩空气冷却加热区，必须自然冷却。快速冷却会使金属变硬，甚至变脆。监视加热的最好工具是热蜡笔或热敏涂料。用热蜡笔在冷件上做标记，当达到一定的温度时，热蜡笔记号就会熔化。利用热蜡笔确定温度相当准确，比修理人员用眼观察热敏涂料颜色变化确定温度的方法要精确得多，用热蜡笔确定温度的误差为 ±1%。

4．车身板件的应力集中

　　在某些条件下金属结构的强度可能会降低，这些条件叫做应力集中。应力集中，顾名思义，就是在负载作用下，应力产生定位凝聚。在承载式车身中，有时会设计有预加应力的零部件（见图 3-62），用于控制和吸收碰撞力，使车身结构损伤降低到最低程度，保证乘员的安全。所以，不要把原设计的应力集中件拆除，只能按照汽车修理手册的建议，修理或替换掉有预应力设计的部件。只有全面恢复车身部件的功能和外形，才是正确的修理。在有些应力没有完全消除时，可能出现下列情况。

　　（1）负载的施加和释放引起悬架和驾驶操作部件的疲劳。

　　（2）在再次遭到相似的碰撞时，较小的碰撞力就会引起同样或更大的损伤，甚至危及乘员的安全。

　　（3）车身尺寸变形，引起各种操作的困难。

　　要解决这些问题，还需要重新消除应力。所以在修理时一定注意板件状态的恢复。

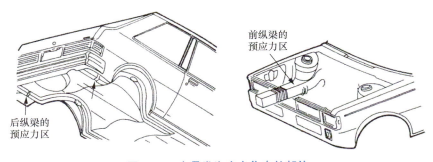

图 3-62　容易发生应力集中的部位

思考

　　应力及应力消除是车身修复尤其是车身结构修复中的一个重要的工艺过程。读者应思考以下几个问题。

　　（1）何为应力？

（2）应力在损伤及修复过程中是如何体现的？如不消除，后果如何？

（3）如何正确、有效地消除应力？

（4）消除应力时，有哪些相关注意事项？

□ 知识拓展 □

（1）一般用加热的方式消除板件内部的应力，但高强度钢板不可使用加热的方式消除应力。

（2）板件应力集中与加工硬化的关系。

（3）金属应力的产生及消除原理属于金属材料学的知识范畴，本书仅从汽车车身维修角度简要介绍和解说，如欲详细了解，请参考金属材料学的相关书籍。

□ 任务总结 □

微课

车身板件的应力消除

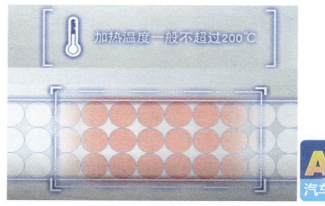

车身板件的应力消除

1. 应力

拉伸校正的金属板外形恢复后，允许有微小变形和不均匀晶体的存在，晶体的排列状态并没有随着板件外形的改变而改变，金属内部还会有大量的应力存在。

2. 恢复状态

在可控制的加热（一般在200℃以下）和锤击条件下，金属内部晶体能被激活，重新松弛并恢复到原来的状态。

3. 消除应力

在拉伸校正中，利用拉力作用恢复板件的变形，再用弹簧锤消除应力。主要损伤部位相邻的地方也要用弹簧锤敲击以消除应力。

4. 预加应力

在承载式车身中，有时会设计有预加应力的零部件，用于控制和吸收碰撞力，使车身结构损伤降低到最低程度，保证乘员的安全。

5.　加热

如果损伤部分需要加热，必须严格遵守汽车修理手册上的建议。例如，在承载式车身梁上加热时，应仅在梁的角上加热。加热后不能用水或压缩空气冷却加热区，必须自然冷却。

□ 问题思考 □

（1）车身修复的目的是什么？
（2）用什么方法消除钢板内部应力？
（3）车身材料内部应力产生的原因是什么？

学习任务三　牵引式车身校正

□ 学习目标 □

（1）了解"地八卦"的特点。
（2）了解地框的安装方法。
（3）掌握液压顶杆的拉伸方法。
（4）培养学习、工作精细化的态度。

□ 相关知识 □

在本学习任务中，我们以地框式校正系统"地八卦"为例来讲解牵引式车身校正。

一、设备简介

"地八卦"全称是"汽车钣金八卦整形校正设备"，它是以地框轨架为固定支撑方式，配合多种夹具、辅具以及拉力塔和组合动力单元等部件共同完成对受损车辆的恢复整形的一种设备，如图 3-63 所示，该设备的配件如图 3-64 所示。因为在事故车维修中，90% 的工作是小修补，"地八卦"系统操作简捷快速，是最经济、最实用的车身校正设备。

图 3-63　"地八卦"

图 3-64 "地八卦"校正设备的配件

提示

目前在一些二、三线城市中，仍然可以看到这种设备。但操作这些设备的人员一般都是比较年长的维修人员，因为这种设备对技师的要求很高。

二、设备安装及部件功能

地框有单框和单框加附加框 2 种，如图 3-65 所示。附加框可以根据实际需要增加。

在建造维修车间地面时就要把地框系统的锚孔或轨道用水泥固定在车间地板上，如图 3-66 所示，车辆可以直接在地框系统上或使用支架固定在地框系统上进行修理。在地框系统上校正拉伸车辆时要进行固定，紧固力必须满足拉力大小的要求，且在方向上同时保持平衡。地框式校正系统在拉伸校正操作中除配有手动或气动液压泵外，还配有一些液压顶杆（液压油缸）。用一根链条把顶杆连在汽车和支架上，通过支架把顶杆和链条支撑在槽架上。利用支承夹钳，将汽车支撑在汽车台架上。车辆要安全地紧固在支座的夹钳上（见图 3-67），链条一端连在支承夹钳上，另一端钩住支架或轨道板，用链条拉紧器拉紧（链条拉紧器可以消除支承链的间隙）。一般对车身下部的 4 个位置都要进行这样的固定，以确保车辆在拉伸校正中保持稳定。

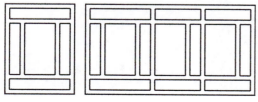

（a）单框　　　　　　　　（b）单框加附加框

图 3-65　地框的形式

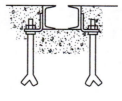
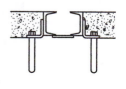

（a）藏地法　　　　　　　　（b）地面固定法

图 3-66　框轨的安装方法

在拉伸时需将液压顶杆装在顶杆座上，以便液压顶杆能够在需要的方向上施力。液压顶杆升到需要的高度，把链条拉紧并锁紧链条，链条钩在支架上。支架、液压顶杆及汽车上的拉伸点必须与拉伸方向呈一条直线。将液压泵与液压顶杆连接，并把空气软管连接到气动液压泵上，启动液压泵，使链条拉紧，接下来，就可以进行拉伸校正了，如图 3-68 所示。

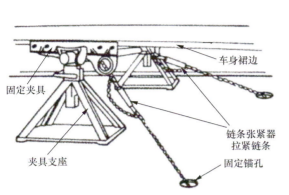

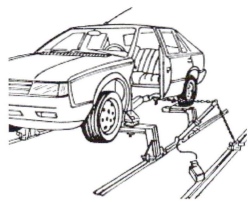

图 3-67　地框式设备的固定　　　　　图 3-68　用地框式校正系统校正车身

使用液压顶杆进行拉伸时，拉伸链条、液压顶杆、车身的拉伸点和链条固定点形成 1 个简单的三角形拉伸图。液压顶杆伸长时，三角形的一边增长。因为链条锁紧在液压顶杆上，所以引起顶杆向右方倾斜，当顶杆倾斜到新的位置时，受损伤的部件就会被拉伸。

在拉伸中根据拉伸部位的高度来调整链条和液压顶杆的长度和高度，链条一端固定在汽车的钣金工具上，调整液压顶杆的接管长度，以便达到恰当的高度。如果顶杆与链条固定点之间的链条偏离了垂直状态，就必须马上停止拉伸，如图 3-69 所示，否则链条端部的固定点和顶杆支撑点部位可能出现过载现象，导致链条断裂。

 提示

这一原理遵从力的平行四边形定则。

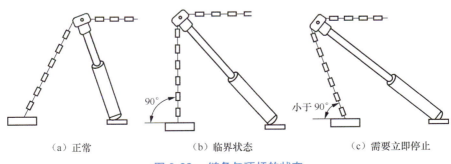

（a）正常　　　　　　（b）临界状态　　　　　（c）需要立即停止

图 3-69　链条与顶杆的状态

地框式校正系统可以用一种被称为加力塔架（拉力塔）的装置提供额外的拉力。在车身上进行校正操作时，加力塔架随时可以提供拉力。

三、设备特点及市场

"地八卦"具有以下特点。

① 投资较少：可根据实际投资情况组合配置。

② 操作简便：可快速固定，无盲区和死角。

③ 不占场地：地框面与地面相平或略高，不占空间，可同时进行拆、修、装、停等作业。

④ 高效快捷：可以制作成各种组合工位，同时对事故车一处或多处受损部位进行修复。

⑤ 车型广泛：路面上大多车型皆适用。

⑥ 液压系统：动力强劲，经久耐用，维修保养方便、快捷，配件充足，维修成本低。

⑦ 精密固齿钳口：更牢固地锁定汽车底盘，经久耐用，易于更换。

⑧ 钣金拉伸工具：使用灵活方便，几乎任何变形均可校正。

⑨ 悬挂式工具车：承载能力超强，节省空间，方便移动不费力。

综上所述，"地八卦"系统因其价格低、操作简单等优点而适合于小型的车身维修车间，因为当顶杆、主夹具和其他动力辅助设备被清理后，校正作业区就可以用作其他用途，有利于车间面积的充分利用。

当然"地八卦"系统也有缺点，它没有配备高精度测量系统，对技师的技术要求较高，因此，该设备只适合维修小事故车辆，如果用它维修严重碰撞的车辆，就很难保证维修质量了。所以维修场地较大的修理厂最好选择功能更加齐全的大梁校正仪，但如果维修场地很小，则不适合采用占地面积很大的大梁校正仪，"地八卦"是比较好的选择。

········□ **知识拓展** □········

（1）使用"地八卦"校正车身时，使用什么样的方式保证校正的准确度？

（2）"地八卦"有精度差、操作复杂等缺点，一般由平台式车身校正系统取代。

········□ **任务总结** □········

微课

牵引式车身校正

牵引式车身校正

1．地八卦

"地八卦"全称是"汽车钣金八卦整形校正设备"，它是以地框轨架为固定支撑方式，配合多种夹具、辅具以及拉力塔和组合动力单元等部件共同完成对受损车辆的恢复整形的一种设备。

2．固定

在地框系统上拉伸校正车辆时要进行固定，紧固力必须满足拉力的大小要求，且在方向上同时保持平衡。一般对车身下部的4个位置都要进行固定，以确保车辆在拉伸校正中保持稳定。

3．应用场合

"地八卦"系统最适合于小型的车身修理车间，因为当顶杆、主夹具和其他动力辅助设备被清理后，校正作业区就可以用作其他用途，有利于车间面积的充分利用。

4．液压顶杆

使用液压顶杆进行拉伸时，拉伸链条、液压顶杆、车身的拉伸点和链条固定点形成1个简单的三角形拉伸图。液压顶杆伸长时，三角形的一边增长。因为链条锁紧在液压顶杆上，所以引起顶杆向右方倾斜，当顶杆倾斜到新的位置时，受损伤的部件就会被拉伸。

5．调整链条和液压顶杆

在拉伸中根据拉伸部位的高度来调整链条和液压顶杆的长度和高度，链条一端固定在汽车的钣金工具上，调整液压顶杆的接管长度，以便达到恰当的高度。如果顶杆与链条固定点之间的链条偏离了垂直状态，就必须马上停止拉伸，否则链条端部的固定点和顶杆支撑点部位可能出现过载现象，导致链条断裂。

---------- □ 问题思考 □ ----------

（1）什么是"地八卦"？
（2）"地八卦"有哪些特点？
（3）使用液压顶杆拉伸时，有什么注意事项？

学习任务四　大梁校正仪

---------- □ 学习目标 □ ----------

（1）了解大梁校正仪的组成。
（2）了解大梁校正仪的特点。
（3）掌握大梁校正仪的操作。
（4）了解操作大梁校正仪的安全注意事项。
（5）培养良好的职业道德素质，具备严谨的工程技术思维习惯和精益求精的大国工匠精神。

---------- □ 相关知识 □ ----------

在一些汽车维修企业及4S店中，奔腾（BANTAM）大梁校正仪（见图3-70）是一种较常见的车身校正设备。本节将主要介绍该大梁校正仪的组成、特点及操作。

图 3-70　奔腾大梁校正仪

一、奔腾大梁校正仪的组成及特点

1. 设备组成

奔腾大梁校正仪属于平台式车身校正仪，主要由以下部分组成。

（1）平台。平台（见图 3-71）是车身修复的主要工作台，拉伸校正、测量、板件更换等工作都在平台上完成。

（2）上车系统及液压升降系统。通过上车系统和液压升降系统可以把事故车放置在校正平台上。上车系统包括上车板、拖车器、车轮支架（见图 3-72）、拉车器（牵引器）等部分。通过液压升降系统把平台升高

图 3-71　校正仪平台

到一定的工作高度（见图 3-73）。平台的工作高度有固定式和可调式 2 种，前者一般为倾斜式升降，可升降高度在 500 ～ 600mm；后者一般为整体式升降，可升降高度一般为 300 ～ 1 000mm。

轮毂

拖车器　车轮支架

上车板

图 3-72　上车系统的上车板、拖车器和车轮支架

（3）主夹具。主夹具有不同的形式，如图 3-74 所示。维修前，固定在平台上的主夹具将车辆紧固在平台上，车辆、平台和主夹具成为一个刚性的整体，车辆在拉伸操作时不能移动。为满足不同车身下部固定位置的需要，主夹具结构有多种：双夹头夹具可以夹持比较宽的裙边部位，防止拉伸中损伤夹持部位；单夹头夹具的钳口很宽，能够夹持车架。一些特殊

车辆的夹持部位有特殊的设计，有些车（如奔驰车或宝马车）没有普通车的电焊裙边，就需要专门的夹具来夹持。

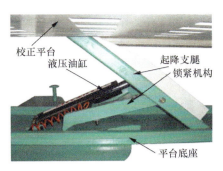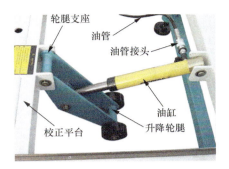

图 3-73　倾斜式和整体式液压升降系统

图 3-74　不同形式的主夹具

（4）液压系统。车身拉伸校正工作是通过液压设备的强大力量把车身上的变形板件拉伸到位来实现的。校正仪上的气动液压泵（见图 3-75）或电动液压泵，通过油管把液压油输送到塔柱内部的油缸中，使油缸的活塞顶出。气动液压系统一般是分体控制的，而比较先进的电动液压系统一般是集中控制的，由 1 个或 2 个电动液压泵控制所有的液压装置，这样效率更高，故障率更低，工作平稳。

图 3-75　气动液压泵

（5）塔柱拉伸系统（见图 3-76）。损伤板件的拉伸操作是通过塔柱实现的。塔柱内部有油缸，液压油推动油缸活塞，活塞推动塔柱的顶杆，顶杆伸出塔柱的同时拉动链条，在顶杆的后部有链条锁紧窝把链条锁住，通过导向环把拉力的方向改变成需要进行拉伸的方向。导向环通过摩擦力卡在塔柱上。

（6）钣金工具。钣金工具（见图 3-77）包括各种对车身不同部位进行拉伸的夹持工具。

2．设备特点

（1）整个设备由一个液压泵站提供动力，二次举升机、塔柱、平台升降仅用 1 个控制器即可进行操控。

（2）垂直升降平台可升至 300～1 020mm 的不同作业高度。

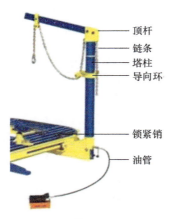

图 3-76 塔柱拉伸系统

顶杆
链条
塔柱
导向环
锁紧销
油管

图 3-77 拉伸用的钣金工具

（3）配备专利夹具（可选配奔驰专用夹头、宝马专用夹头、大梁专用夹头、裙边专用夹头），快速牢靠地对汽车进行定位及夹紧。

（4）配备美国原装进口钣金夹具 16 件 / 套，考虑任意变形的校正操作。

（5）液压系统采用电动集中控制系统，动力强劲，使用寿命长。

（6）测量系统配备多种测量头，方便对车辆定位孔进行快速、精确的测量。

（7）通用测量系统对车体进行三维坐标测量，使用方便，精确度高。

（8）配备各车系最新车型数据，全球车型数据库可随时提供各年代各车型数据查询服务。

（9）移动灵活、配置齐全的工具车，充分体现以人为本的设计理念。

奔腾大梁校正仪在业内有一定的市场占有率，在很多修理厂都有配备，很多钣金维修技师都具有操作该设备的技术。一台好的大梁校正仪可以让钣金技师的工作变得简单。

二、奔腾大梁校正仪的操作

1. 事故车上平台的操作

碰撞损伤的车辆在上到车身校正平台前，需要拆除一些妨碍操作的车身外部覆盖件和机械部件，根据校正设备的升降类型，把平台一侧倾斜或整体降到最低高度，用手动或电动拉车器把车辆拉到平台上的合适位置，如图 3-78 所示。

图 3-78 上平台操作

2. 事故车在平台上的定位

车辆上到平台上后，首先找到车身与测量系统的基准，其次在校正平台上定位。因为测量工作要贯穿车身的整个修理过程，特别是使用机械式测量系统时，车辆在固定前必须要找好测量的 3 个基准（见图 3-79）。车辆在拉伸的过程中是不能有位移的，否则，测量基准一旦发生变化，只有在重新找到测量基准后才能进行测量。如果使用全自动电子测量系统，如超声波测量系统，就不需要进行测量基准的找正，因为计算机能自动找到测量的基准。

　　测量的基准找到后，就可以对车辆进行固定（见图3-80），承载式车身在固定时至少需要4个以上的固定点。主夹具、车身固定好后，车身、主夹具和校正平台之间不能有位移。在对车身坚固部件进行拉伸操作时，最好在与拉伸方向的相反方向上设置一个辅助拉伸装置以抵消拉伸的力量，防止夹持部位的部件损伤。

图3-79　测量基准的找正

图3-80　主夹具对车身和平台进行固定

3. 事故车的测量和拉伸

　　车辆在平台上定位后，就可以对车辆进行测量和拉伸校正工作了。首先对碰撞部位进行简单的大致修整，然后确定连接部件的损伤情况，确定哪些部件需要校正恢复形状，哪些部件必须更换。有些部件在碰撞中变形严重，不需要进行校正直接更换即可。按照测量系统的使用方法来对车身进行整车检查（严重碰撞的车身），对变形部件进行测量（见图3-81），还需要知道受损板件变形的方向和大小。最后根据测量的结果对损伤的板件进行拉伸校正（见图3-82）。

图3-81　测量变形部件

图3-82　根据测量结果对板件进行拉伸校正

4. 车身校正钣金工具的使用

　　为了更好地对承载式车身进行拉伸修复，该系统针对车身不同部位的变形修复设计了多种钣金工具（见图3-83），这些工具可以对车身进行有效的拉伸修复。图3-84所示给出了一些钣金工具的用法。

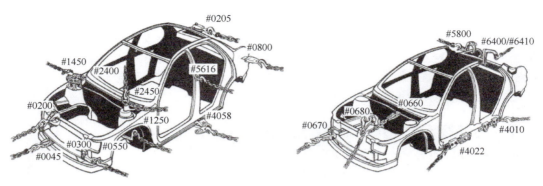

图 3-83　车身上安装的各种钣金工具

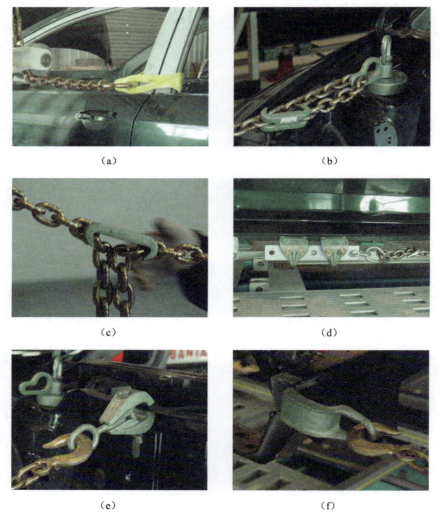

图 3-84　各种钣金工具的用法

（g）

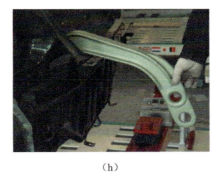
（h）

图 3-84　各种钣金工具的用法（续）

　　在使用钣金工具时必须注意正确的使用方法，否则会损伤夹具和车身。在拉伸时，必须使拉力方向的延长线通过夹齿的中间，否则夹钳有可能因受扭转的力而脱开，还会对钳口夹持的部位造成进一步的损伤。在设计拉伸夹钳进行多点拉伸的方法时，需要充分发挥想象力和创造力。图 3-85 所示给出了钣金工具的一些正确和错误的用法，这些钣金工具都是夹持工具，分别适合夹持在车身的不同部位，这些工具在车身上固定好后，如果拉力的方向不正确就会将夹持工具拉离夹持表面，严重时会造成人身伤害。

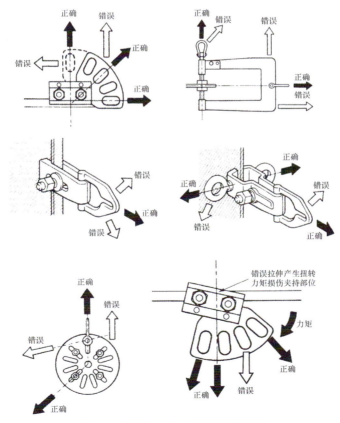

图 3-85　钣金工具正确和错误的用法

在为拉伸校正做准备时，钣金工具可能没有正好夹持在变形区域，如果遇到这种情况，可暂时在需要拉伸的部位焊一小块焊片，修复之后，再去掉焊片，如图 3-86 和图 3-87 所示。

提示

错误使用车身校正夹持工具，不仅存在安全隐患，还会造成板件的再次损伤或变形，所以大家要掌握工具正确的使用方法。

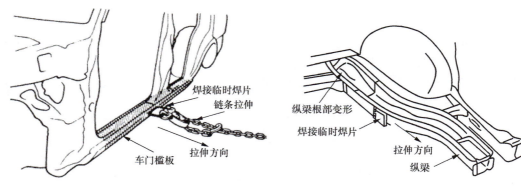

图 3-86　门槛板拉伸的临时焊片　　　　图 3-87　前纵梁拉伸的临时焊片

5. 车身校正操作的安全与防护

（1）拉伸操作中的安全事项

使用校正仪时，不正确的操作可能对车身和校正仪造成损伤，甚至危害操作人员的安全，因此要注意以下安全规则。

① 根据所用设备的说明书，正确地使用车身校正设备。

② 严禁非熟练人员或未经过正式训练的人员操作校正设备。

③ 车辆固定时要确保主夹具夹钳齿咬合得非常紧固，车辆被牢靠地固定在平台上。

④ 拉伸前汽车要装夹牢固，检查主夹具固定螺栓和钳口螺栓是否紧固牢靠。

⑤ 一定要用推荐型号与级别的拉伸链条和钣金工具进行操作。

⑥ 拉伸时钣金工具要在车身上紧固牢靠，链条必须稳固地与汽车和平台连接，以防在拉伸过程中脱落，避免将链条缠在尖锐器物上。

⑦ 向 1 个方向上的拉伸力大时，一定要在相反方向上使用辅助拉伸（见图 3-88），以防将汽车拉离校正台。如汽车前部只有 1 个辅助固定点（见图 3-89（a）），在拉伸过程中会对车身产生 1 个偏转力矩，使车身扭转。而汽车前部使用两个辅助固定（见图 3-89（b））点后，拉伸过程中就不会对车身产生偏转力矩了。

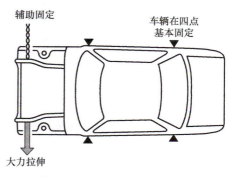

图 3-88　拉伸时要有辅助拉伸

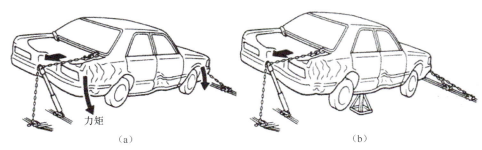

（a）　　　　　　　　　　　　　（b）

图 3-89　辅助拉伸防止在拉伸中汽车偏转

⑧ 操作人员在汽车上面和汽车下面工作时，不要用千斤顶支撑汽车，因为千斤顶一旦出现漏油故障将会非常危险。

⑨ 严禁操作人员与链条或拉伸夹钳在 1 条直线上。因为当链条断裂、夹钳滑落、钢板撕断时，在拉伸方向可能会对人员造成直接的伤害。在车外进行拉伸校正时，人员在车内工作是很危险的。

⑩ 用厚防护毯包住链条或用钢丝绳把链条、钣金工具固定在车身的牢固部件上（见图 3-90），万一链条断裂，可防止工具、链条甩出对人员和其他物品造成损伤。

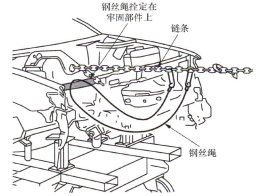

图 3-90　拉伸中要有安全绳防护

⑪ 在拉伸时要把塔柱与平台的固定螺栓紧固牢靠，否则拉伸中塔柱滚轮移动装置会受力损伤，可能导致塔柱突然脱离平台造成人员和物品的损伤。

⑫ 塔柱使用链条进行拉伸时，链条在顶杆的锁紧窝锁紧，链条不能有扭曲，所有链节都呈一条直线。导向环的固定手轮是在拉伸前固定导向环高度的，当拉伸开始后要松开手轮，手轮松开后，一旦链条断裂，导向环因自重向下滑，可防止链条向左右甩出。

（2）拉伸操作中的车身防护

在进行拉伸校正之前，应对车身和一些部件进行保护，具体如下。

① 拆卸或盖住内部部件（座位、仪表、车垫等）。

② 焊接时用隔热材料盖住玻璃、座位、仪表和车垫（特别在进行惰性气体保护焊时，这种保护更为必要）。

③ 拆除车身外面的部件时，用棉布或保护带保护车身以防擦伤。

④ 如果油漆表面擦破，这部分必须要修复好，因为防腐涂层的损伤可能造成金属部件的锈蚀。

大梁校正仪是车身结构件修复的主要设备，除奔腾大梁校正仪之外，国内外还有很多种同类设备，其功能大致相同。

大梁校正仪作为车身结构修复的主要设备，其操作和掌握难度是比较大的，读者需要有一定的理论和实践基础，且经过一定的专业培训方可掌握。同样，车身结构的修复规范性和安全也是十分重要的，必须予以高度重视。

· · · · · · · · ◻ 知识拓展 ◻ · · · · · · · ·

（1）奔腾大梁校正仪配合使用的测量系统有哪些？

（2）现在常用的车身校正设备除奔腾大梁校正仪外，还有哪些设备？它们各自有什么优点？

· · · · · · · · ◻ 任务总结 ◻ · · · · · · · ·

微课

大梁校正仪

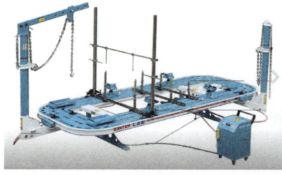

大梁校正仪

平台式车身校正仪的形式有多种，但一般都配有2个或多个塔柱进行拉伸校正。这种拉伸塔柱为车身修理人员提供了很大的自由度，可在绕车身的任何角度、任何高度和任何方向进行拉伸。

1. 平台

平台的工作高度有固定式和可调式2种，前者一般为倾斜式升降，可升降高度一般为500～600mm；后者一般为整体式升降，可升降高度一般为300～1 000mm。

2. 主夹具

修理前，固定在平台上的主夹具将车辆紧固在平台上，车辆、平台和主夹具成为一个刚性的整体，车辆在拉伸操作时不能移动。为满足不同车身下部固定位置的需要，主夹具结构有多种：双夹头夹具可以夹持比较宽的裙边部位，防止拉伸中损伤夹持部位；单夹头夹具的钳口开口很宽，能够夹持车架。

3. 液压系统

车身拉伸校正工作是通过液压设备的强大力量把车身上的变形板件拉伸到位来实现的。

4. 导向环

塔柱拉伸系统通过导向环把拉力的方向改变成需要进行拉伸的方向。

5. 上平台

车辆上到平台后，首先找到车身与测量系统的基准，其次在校正平台上定位。

6. 车辆固定

测量的基准找到后，就可以对车辆进行固定，承载式车身固定时至少需要4个以上的固定点。

7. 紧固牢靠

拉伸时钣金工具要在车身上紧固牢靠，链条必须稳固地与汽车和平台连接，以防在拉伸过程中脱落，避免将链条缠在尖锐器物上。

8．安全绳

用厚防护毯包住链条或用钢丝绳把链条、钣金工具固定在车身的牢固部件上，万一链条断裂，可防止工具、链条甩出对人员和其他物品造成损伤。

9．固定塔柱

在拉伸时要把塔柱与平台的固定螺栓紧固牢靠，否则拉伸中塔柱滚轮移动装置会受力损伤，可能导致塔柱突然脱离平台造成人员和物品的损伤。

10．千斤顶

操作人员在汽车上面和下面工作时，不要用千斤顶支撑汽车。

11．站立位置

严禁操作人员与链条或拉伸夹钳处在一条直线上，因为当链条断裂、夹钳滑落、钢板撕断时，在拉伸方向可能会对人员造成直接的伤害。在车外进行拉伸校正时，人员在车内工作很危险。

12．导向环的固定手轮

塔柱使用链条进行拉伸时，链条在顶杆的锁紧窝锁紧，链条不能有扭曲，所有链节都呈一条直线。导向环的固定手轮是在拉伸前固定导向环高度的，当拉伸开始后要松开手轮，手轮松开后，一旦链条断裂，导向环因自重向下滑，可防止链条向左右甩出。

口 问题思考 口

（1）大梁校正仪由哪些部分组成？
（2）使用拉伸夹钳进行多点拉伸时，有什么注意事项？
（3）操作大梁校正仪时，有哪些安全注意事项？

学习任务五　斯潘内锡大梁校正仪

口 学习目标 口

（1）了解斯潘内锡校正系统的组成。
（2）了解斯潘内锡大梁校正仪的使用。
（3）能够使用斯潘内锡大梁校正仪进行拉伸修复。
（4）树立专注、耐心、精益求精、追求卓越的工匠精神和良好的职业素养。

口 相关知识 口

在前面的学习任务中，已经介绍了几种不同类型的车身校正设备。对设备本身的功能而言，这些设备基本上都是大同小异的。不同之处在于设备操作过程中对技师的依赖程度。设备越先进，智能化程度越高，对技师的依赖性就会越低。本学习任务中，我们以目前市场上较为先进的斯潘内锡（SPANESI）大梁校正仪为例介绍具有一定智能化的车身校正设备的应用。

一、斯潘内锡大梁校正仪的组成

斯潘内锡校正系统包括电子测量系统（TOUCH）和车身大梁校正仪，如图3-91所示。

而 TOUCH 测量系统在前面已经进行了详细介绍，本学习任务重点学习斯潘内锡大梁校正仪的组成及应用。

图 3-91　斯潘内锡车身大梁校正仪

斯潘内锡大梁校正仪主要由大梁校正平台、拉伸校正工具、通用夹具工具箱及其他辅助设备等组成。

1.　大梁校正平台

斯潘内锡大梁校正平台主要由升降平台和液压系统组成。

升降平台是使用频率最高且使用环境最为恶劣的设备，斯潘内锡的升降平台的最大举升高度为 1.8m，操作人员可以以任何姿势在车下随意动作，而不会受到空间的约束，如图 3-92 所示。除了活动自由方便之外，还使拆解和维修中的各项操作都能够顺利完成。对于常见轿车、面包车与越野车的维修操作来说，该设备完全可以胜任。

图 3-92　升降平台

作为一套载重量大并且经常受到拖拉的校正平台，必须保证所修车辆、设备自身和工作人员的安全，因此升降平台需要在安全性能上采取多项措施。斯潘内锡采用了以下 4 项安全保护措施。

① 在控制台上通过电磁阀控制液压油路，确保在通电后油路才能投入工作。

② 液压系统管道内有单向阀，可以在油路泄漏的情况下阻止液流反向流动，确保平台保持在既定高度。

③ 节流阀片能够在液压系统突然泄压的情况下，使液流速度维持在平台正常下降时的流速，从而使平台不致于下降过快而造成安全隐患。

④ 系统带有一套安全装置如机械自动锁止系统，平台在上升过程中，可以将举升机构自动锁止，确保在所有高度都能防止平台意外下降，如图 3-93 所示。

2. 拉伸校正工具

斯潘内锡拉伸校正工具是单独的，可与校正平台拆分开，用的时候安装便可。拉伸校正工具主要有拉塔、拉链、安全钢丝绳及油泵等部件，如图 3-94 所示。使用拉塔校正车身时，将拉塔推入校正平台，通过底座上的安全钩与校正平台连接，如图 3-95 所示。拔掉底座上的安全销后，拉塔底座可根据需求任意旋转，旋转到需要的角度后将安全销插入固定孔内，如图 3-96 所示。

机械安全装置

气动安全装置

图 3-93 安全装置

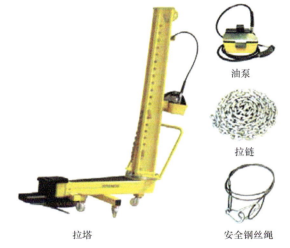
油泵

拉链

拉塔　　　　　　安全钢丝绳

图 3-94 拉伸校正工具

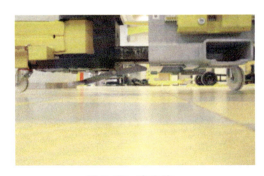

图 3-95 安全钩

图 3-96 安全销

3. 通用夹具工具箱

斯潘内锡通用夹具工具箱内有各种测量固定模块、底大边固定夹具、定位销套、螺母及标尺等工具，如图 3-97 所示。

斯潘内锡通用夹具工具箱内的通用底大边固定夹具适用于各种车型，可以快速稳固地对汽车进行固定和夹紧，如图 3-98 所示。测量固定模块可根据车身图纸安装到车身测量点上，对车身定位和固定。

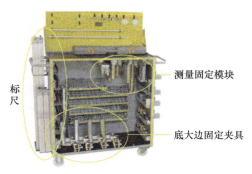

图 3-97　通用夹具工具箱

图 3-98　底大边固定夹具

4. 其他辅助设备

斯潘内锡车身大梁校正仪除以上介绍的设备外还有其他辅助配套设备，主要有门式撑车架、固定螺钉套件、钣金夹具等，如图 3-99 所示。

为了满足现代汽车车身维修的需要，维修企业所配备的车身校正设备必须具备多点多向拉伸的能力，而且要配备比较齐全的辅助拉伸工具，比如各种车身钣金校正夹具，如图 3-100 所示，这些工具在拉伸中要承受巨大的拉力，因此维修中对这些辅助夹具的可靠性和安全性的要求很高，配备不合格的辅助工具有可能对车辆和人员产生伤害。斯潘内锡拉伸工具强度较高，设计时考虑了几乎任意形状的变形校正及各个角度的拉伸校正，使用灵活方便。

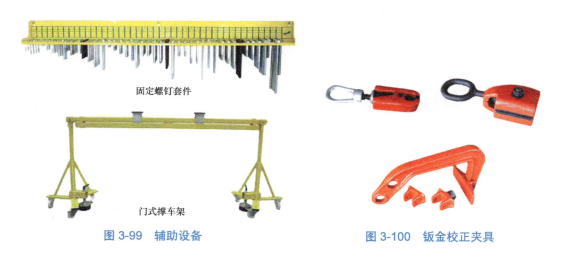

图 3-99　辅助设备

图 3-100　钣金校正夹具

二、斯潘内锡电子校正系统的使用

1. 车辆上校正平台

车身大梁校正仪上所修车型基本都是受到严重碰撞的事故车，为了方便地进行上车固定，斯潘内锡电子校正系统不但像某些同类主流设备那样带有上车踏板，如图 3-101 所示，而且还拥有自身独特的设计，非常适合事故车的维修。在事故车举升机上升到一定高度后，能够自由移动校正平台，在 4 个滚轮的支撑下，可以挪动到待修车下方。移动到位之后，滚轮可以通过自锁装置固定在特定位置，确保工作过程中能够不发生偏移（见图 3-102）。

图 3-101　车上校正平台

图 3-102　可移动平台

2. 固定车辆

车辆上校正平台之后，根据车辆品牌及型号，在计算机中找到斯潘内锡校正仪配套的校正图纸，如图 3-103 所示。在车身底部找到未受损的区域作为基准，通过图纸在通用夹具工具箱中找到对应的测量固定模块，并在车身底部找到与之相对应的测量固定点，将车身与校正平台通过测量固定模块固定，如图 3-104 所示。

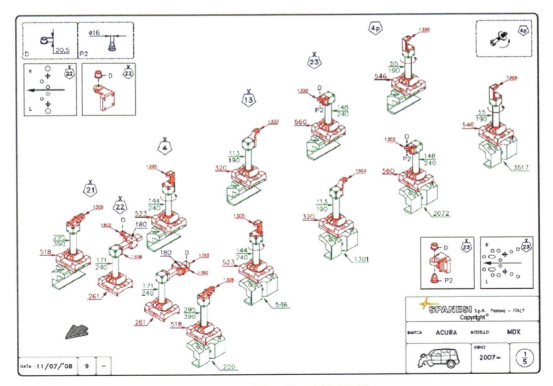

图 3-103　车身测量固定模块图纸

图 3-104　车身通过测量固定模块固定

提示

　　不管是哪一种测量系统，都要从车身未受损的部位找到测量基准，再对受损部位进行测量，只是全自动测量系统不需要维修人员逐一寻找而已。

　　斯潘内锡车身校正仪也可使用通用底大边夹具固定车身，如图 3-105 所示。

图 3-105　通用底大边夹具固定车身

3．拉伸校正

　　在固定车身的时候，斯潘内锡的测量固定模块能够发挥重要作用，给维修人员带来极大便利。该设备具有一套能够将汽车裙边强力夹紧的机构，5 个滑动横梁上安装 10 个测量固定模块，如图 3-106 所示，依据车型的不同，在原车设计的底盘相应位置可以进行夹紧定位。在拉伸校正过程中，维修人员按图即可"傻瓜式"地完成维修工作。

　　对于车身上部的损伤变形，可先查看麦克弗森测量图纸，安装标尺，如图 3-107 所示，再对车身上部受损部位进行测量修复，如图 3-108 所示。

图 3-106　测量固定模块

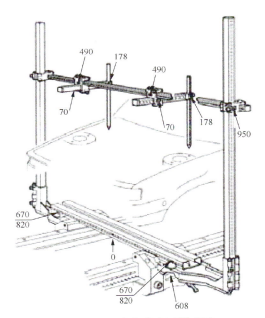

图 3-107　麦克弗森测量图纸

图 3-108　上部车身测量

　　在车身大梁的校正作业中，从始至终都需要进行测量。而斯潘内锡大梁校正仪不需要测量出长度、宽度、高度的准确数值，只需通过图纸在测量点安装相对应的测量模块即可，观察测量模块是否可以准确安装到位，以判断车身损伤情况。相比其他校正平台，斯潘内锡校正平台操作简单，损伤判断直观，只需会看图纸及安装测量模块即可，对维修人员的技术及经验要求不高。

　　使用斯潘内锡大梁校正仪虽操作简便，但在使用过程中也要注意以下几点，以保证人员及设备安全。

　　（1）车辆拉伸校正前要保证夹具固定螺钉紧固，防止拉伸时造成车辆位移。

（2）用拉链拉伸校正车身损伤时，要使用安全钢丝绳辅助固定夹具，以免夹具松弛或拉伸链断裂飞出，造成人员伤亡事故。

（3）拉伸时，维修人员禁止与拉链在同一直线上，防止拉链突然断裂飞出，造成人员伤亡事故。

提示

　　读者在实际工作中会接触到多种车身校正系统，本书也介绍了多种车身校正系统。在本书的基础上，读者结合相关技术资料，就可以较快地掌握设备的使用技术。

□ 知识拓展 □

（1）斯潘内锡大梁校正仪不仅可以与麦克弗森测量系统匹配使用，还可与其他测量系统匹配使用。

（2）斯潘内锡大梁校正仪与奔腾校正仪有什么区别？各自的优缺点是什么？

（3）在一些4S店，我们可能还会看到一种卡尔拉得品牌的大梁校正仪，这款大梁校正仪的部分功能与斯潘内锡设备相似，如欲详细了解，请参考相关技术手册。

□ 任务总结 □

微课

电子车身校正
设备应用

4.通过测量，用固定模块将车身固定

AR
汽车钣金

电子车身校正设备应用

1．升降平台
　　升降平台是使用频率最高且使用环境最为恶劣的设备，斯潘内锡的升降平台的最大举升高度为1.8m，操作人员可以以任何姿势在车下随意动作，而不会受到空间的约束。

2．拉塔
　　在车身大梁的校正过程中需要经常性地使用拉塔，使用拉塔校正车身时，将拉塔推入校正平台，通过底座上的安全钩与校正平台连接。拔掉底坐上的安全销后，拉塔底座可根据需求任意旋转，旋转到需要的角度后将安全销插入固定孔内即可。

3．通用定位夹具

斯潘内锡的通用底大边固定夹具适用于各种车型，可以快速稳固地对汽车进行固定和夹紧。

4．测量

在车身大梁的校正作业中，从始至终都需要进行测量。车身数据的恢复需要长度、宽度、高度3个方向的尺寸都正确，这就要求校正设备所配置的测量工具能够满足多角度测量的需要。

□ 问题思考 □

（1）斯潘内锡大梁校正仪的组成部分有哪些？

（2）斯潘内锡大梁校正仪使用步骤是什么？

（3）使用斯潘内锡大梁校正仪的注意事项有哪些？

学习任务一 车身异响

□学习目标□

（1）了解天窗异响的种类及判断方法。
（2）了解门锁异响的判断方法及处理方法。
（3）了解车身风哨的判断方法及处理方法。
（4）了解车身异响的判断方法及解决异响的思路。
（5）掌握处理车身类似异响的方法。
（6）加强职业创新意识，培养自主创新的大国工匠精神。

□相关知识□

　　在本系列书的《汽车车身维修技术基础（钣金部分）（AR 版）》中我们已经简单介绍了有关汽车车身噪声及降噪工艺的内容，通过粘贴减振材料、隔声材料降低噪声对车内乘员的影响，但是这样的处理工艺的前提是整车并没有故障，即在现有正常车况下，进一步降低车辆行驶过程中的噪声。对于维修过程中产生的异响，这样的处理工艺是无法起到降噪作用的，对产生异响的根源也起不到排除的作用。本学习任务主要介绍在汽车损伤维修时常见的异响故障，主要有天窗异响、锁类异响、风哨异响等。车身实际维修时，还会遇到其他种类的异响，重点是通过学习这些异响的解决方法，掌握类似问题的处理方法。

提示

　　对于钣金修复技师而言，不仅要掌握基本的车身维修技术，还要学会从整车性能完好的角度看待车辆的维修，处理好各种故障和问题。

一、天窗异响

　　为了更好地实现采光及空气循环等，现代汽车越来越多地开始配置天窗，汽车天窗有内滑式和外滑式 2 种。一般汽车配有小天窗，但是越来越多的高端汽车配备全景天窗，如图 4-1 所示。全景天窗由于面积大，重量大，更容易产生异响。

1. 天窗异响种类

天窗异响一般分为静止异响和运行异响2类。静止异响是指天窗在开启、关闭状态下，车辆行驶在颠簸路面上发出的异响。运行异响是指天窗玻璃在开启或关闭运动中发出的异响。

（1）静止异响

车辆行驶在颠簸路面上时，天窗在关闭状态下发出的异响，就是静止异响。如果听不清，可将部分天窗内饰条拆除，去除干扰。

如果天窗部位响声为"吱吱"声，则是由于天窗没有按时保养导致的，天窗玻璃支架安装较重的天窗玻璃，在颠簸路面会发生振动，由于支架处缺少润滑剂，机械之间由于摩擦发出"吱吱"声，如图4-2所示。对天窗进行润滑处理，即可消除这类异响。

图4-1 汽车天窗

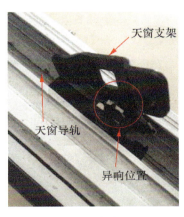

图4-2 异响位置

试车时如果天窗部位发出"嘣嘣"声，尤其是在不平稳路面上行驶时，则是由于天窗总成大，整体重量较重，汽车经常行驶在颠簸路面上，使天窗总成与车身大顶固定螺钉松动所导致的，如图4-3所示。

（2）运行异响

天窗在关闭或开启过程中发出异响，就是运行异响，一般小天窗和全景天窗都会有类似噪声。天窗玻璃的开、关都是通过电机驱动导轨中的滑块，滑块通过支架改变天窗状态来实现的。车辆经常在干燥、风沙较重的地方行驶，天窗部分会缺少润滑，导致天窗导轨、滑块或天窗玻璃支架出现异响，如图4-4所示。

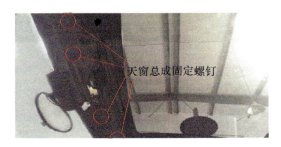

图4-3 天窗总成固定螺钉

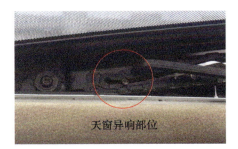

图4-4 天窗异响部位

2. 天窗异响处理方法

当确定是天窗部位发出的异响且明确产生异响的具体零部件后，就可对异响进行处理，根据造成异响的原因不同，天窗异响的处理方式也不同。

（1）清理润滑

清理润滑是天窗异响最常用的处理方法，对于天窗发出的"吱吱"声的故障，就可用这样的处理方式，但在润滑时应注意以下事项。

① 润滑时先对润滑部位进行清理，将尘土、杂物等清理出去，再进行天窗润滑。

② 润滑时要注意重点润滑部位，如果是天窗支架发出的"吱吱"声，则重点润滑天窗机械摩擦部位；如果是天窗在开启、关闭时发出异响，则重点润滑天窗导轨，如图 4-5 所示。

③ 润滑时要使用天窗专用润滑脂，如图 4-6 所示，不可用"黄油"代替，因"黄油"在后期容易黏附更多灰尘、杂物，造成更严重的问题。

④ 润滑时不要将润滑脂涂到车辆内饰上，造成车辆内饰的污渍。

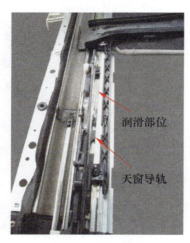

图 4-5　天窗润滑

图 4-6　天窗润滑脂

（2）紧固

当车辆行驶在颠簸路面上，天窗发出"嘣嘣"声时，天窗总成与车身大顶固定螺钉松动，如果不及时处理，就会导致天窗总成螺钉脱落。紧固时可将顶棚内饰拆除，拆除后对天窗固定螺钉紧固。这里也可使用螺纹防松胶，将螺纹防松胶涂到螺纹上，紧固螺钉，待螺纹防松胶固化后可起到防松的作用，如图 4-7 所示。

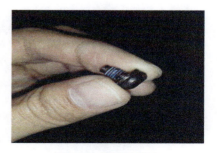

图 4-7　螺纹防松胶

　提示

紧固时，要注意螺钉紧固力矩，参数可查找相关维修手册。

（3）加减振垫

异响一般都是由于部件相互之间的摩擦振动产生的，在振动摩擦的部位粘贴衬垫，可消除异响。天窗玻璃安装到天窗玻璃支架上，当玻璃与支架之间相互接触且车辆行驶在颠簸路面上时就会发生振动，产生异响，处理方法如图4-8所示。

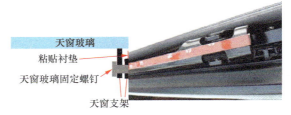

图4-8　天窗支架粘贴衬垫

（4）更换部件

通过润滑处理后天窗异响减弱或消除，但天窗导轨运行间隙增大，这种现象是由于天窗清理润滑不及时而发生异常磨损导致的，出现这类问题时，只能建议车主减少天窗使用频率或更换天窗总成。

总之，天窗异响的种类有很多，不同车型、不同季节、不同地方，产生异响的原因不同，处理方法也不同。天窗异响也不单单只有上述所介绍的，还有其他种类，如天窗支架小饰条松动产生的振动异响等。所以大家在实际维修中要多学习，多总结经验。

二、锁类异响

车身上的锁主要有发动机盖锁、门锁及行李舱锁，部分车辆有仪表板杂物箱锁。一般车辆在行驶一段时间后，在颠簸路面上门锁会发出异响声。

试车时发现，当车辆行驶在颠簸路面时，车门处发出异响。此时用手从车门内侧用力推住车门，异响消失，放开后异响出现，由此可判断异响是由车门锁造成的。而对于两厢车而言，驾驶员可能也会听到行李舱锁的异响声，判断方法相同。

门锁的异响主要是由于经常开关车门，门锁因缺少润滑发生一定的磨损，间隙增大导致的。对于门锁的异响，处理方法有下面3种。

（1）清理及润滑

判断门锁异响后，可在清理杂物后对门锁进行润滑处理。涂抹润滑脂后要开关车门5次以上，使润滑脂充分润滑门锁各部位，如图4-9所示。

图4-9　门锁清理及润滑

（2）调整车门锁柱

如果清理、润滑后异响没有完全消失，可调整车门锁柱，将锁柱向里微调1mm左右，使车门关闭更紧。但在调整时一定不要将车门调整得过于靠里，或导致车门开关困难，如图 4-10 所示。

（3）更换门锁

如果门锁润滑不及时，磨损间隙大，就必须更换门锁。一般门锁在锁钩上都套有塑料护套，起到减小噪声的作用，如图 4-11 所示，塑料护套发生磨损后就会产生异响，在车门锁柱上缠绕三圈塑料胶布，如图 4-12 所示，可起到减小异响的作用。但是这种方法不是长久之计，胶布磨损后还会产生异响。

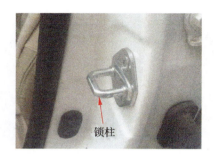

图 4-10　车门锁柱

图 4-11 车门锁钩

图 4-12　锁柱缠胶布

三、风哨

风哨是指车辆在高速行驶时，高速的气流穿过车身而发出刺耳的类似于吹口哨的声音。风哨会分散驾驶员的注意力，给行车安全带来隐患。产生风哨的原因是车身上存在有空腔，在气流的作用下产生异响，而且车辆行驶速度越快，异响声音越大。

车辆出现风哨时，可在就近的高速公路试车判断，试车时注意对车辆速度的控制。试车前需准备纸胶带，如图 4-13 所示。因风哨一般在车辆外部产生，不易判断，所以车辆高速行驶时，只能先大概判断风哨部位，在将车辆停在安全地带后，用纸胶布将可疑部位粘贴，再次试车，直到异响消失，最终判断出产生异响的具体位置，如图 4-14 所示。

图 4-13　纸胶带

图 4-14　车窗玻璃部位风哨

产生风哨时可对损伤部件进行更换或修复。一般车辆的风哨都是因为密封不严产生的，可重点检查车身各部位的密封条。一般全景天窗除前面所介绍的异响外，也可能会产生风哨，风哨不同于振动异响，天窗风哨是由于汽车高速行驶产生的，而振动异响是汽车行驶在颠簸路面上时产生的。天窗风哨异响产生的原因是天窗玻璃没有调节好，在气流作用下产生异响。一般全景天窗玻璃调节方法如图 4-15 所示。调整天窗玻璃时，注意前后天窗玻璃的高度要有一定的落差，不可完全调平，a、b 大小一般控制在 1mm 左右。

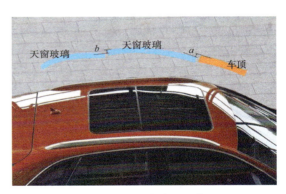

图 4-15　天窗玻璃调节

四、车身异响判断方法

不管是何种异响，只要能找出异响产生的具体位置就容易处理一些，判断异响的方法主要有下面 4 种。

1. 排除法

当无法判断具体是哪一个部件产生异响时，可一件一件地拆除每一个零部件，并不断地测试，最终找出异响零部件。例如，车门玻璃升降时异响，无法判断是升降器还是玻璃导槽或升降器电机引起的，可先拆除升降器电机，用手上下升降玻璃，判断是否有异响，如果异响消失，说明异响是由升降器电机产生的；如果依然有异响，可继续拆除玻璃后再进行测试，直到找出产生异响的零部件。

2. 润滑法

润滑法就是对可疑部位喷涂润滑剂，然后判断异响是否会消失。例如，由于天窗密封条老化等原因，橡胶发生硬化，当车辆行驶在颠簸路面上时，车身的扭动导致天窗玻璃与玻璃密封条之间发生摩擦，产生异响。在密封条上喷涂润滑剂，如果异响消失，则判定为密封条老化产生的异响。

3. 分隔法

分隔法是指用纸张将相互摩擦的部位分开，听异响是否会消失。例如，车辆行驶在颠簸路面上时，车门部位发出异响，判断不是门锁异响后，则异响很有可能发生在车窗部位，在车门密封条与门框之间夹一张 A4 纸，如果异响消失，则判定为车门密封条与门框之间的摩擦产生的异响，如图4-16所示。

4. 手推法

手推法是指用手推住产生异响的可疑部位，听异响是否会消失。如前面所述判断门锁异响的方法。

图 4-16　判断密封条异响

在汽车售后维修时，我们经常会遇到除上述异响之外的其他类型的异响，如常见的减振器异响，会通过车身传递到车身内部。但不管是何种异响，在处理问题时都要保持清晰的思路，才能更好地考虑问题，如车辆行驶在颠簸路面上时，听到前风窗玻璃处有异响，但无法判断具体是哪个部位，有的维修人员会认为是前风窗玻璃松动造成的异响。这种判断通常是错误的，因为前风窗玻璃与车身的粘接强度很高，一般不会发生松动。经过一系列的检查最终判定是仪表板振动与前风窗玻璃接触处摩擦发出的异响。

在实际判断中，要符合逻辑地逐一排查，最终找出故障所在。工作中要多总结经验，如南北方的差异，在北方由于气候干燥，风沙较大，车辆产生异响的情况多于南方，而且多是缺少润滑所造成的，要频繁对车辆进行润滑。

口 知识拓展 口

（1）一般同类车型会出现相同的异响问题，这是由于厂家在设计和生产环节上存在某些缺陷。
（2）不同车型异响调整方式有所不同，具体可参照相关维修技术手册。

口 任务总结 口

微课
车身异响

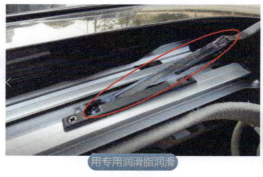
用专用润滑脂润滑

车身异响

1. 天窗异响

一般要注意天窗异响是在车辆走颠簸路面时发出的，还是高速行驶时产生的，颠簸路面上产生的声音属于"吱吱"声还是"嘣嘣"声等，重点检查可疑部位，逐一排查。

2. 天窗异响处理方法

天窗异响处理方法主要有清理润滑、紧固、加减振垫及更换部件等，对不同异响采用不同处理方式。

3. 门锁异响

门锁异响一般是门锁磨损导致间隙增大等原因造成的，可对其进行润滑、调整及更换等处理，修理部分门锁异响时可在锁柱上粘贴塑料胶布。

4. 风哨

风哨是由于车辆密封不严，高速气流经过车身而产生的刺耳的噪声，而且车速越高，噪声越大。可以对异响部位进行调整或更换等处理。

5. 异响判断方法

只要判断出车身异响产生的部位，就比较容易处理这类问题，异响判断方法主要有排除法、润滑法、分隔法及手推法，不同的异响部位需要使用不同的判断方法。

□ 问题思考 □

（1）天窗异响的种类有哪些？该如何判断及解决各类天窗异响？
（2）门锁异响如何判断？解决方法有哪些？
（3）风哨产生的原因是什么？
（4）判断车身异响的方法有哪些？

学习任务二　车身密封故障

□ 学习目标 □

（1）了解车身漏风的原因及处理方法。
（2）了解车身漏水的种类及检查方法。
（3）掌握车身漏水的处理方法。
（4）掌握处理车身密封故障的方法。
（5）培养环保意识，养成遵守国家规范、规程和标准的习惯。

□ 相关知识 □

车身修复时遇到的"小毛病"除了异响之外，常见的还有车身密封故障，车身密封故障引起的问题主要为车身漏风、漏水及有异味，这里的异味并不是指车辆内部的异味，而是指从车辆外部窜入的异味。车身密封故障的排除也同样是困扰驾驶员及维修技师的疑难问题，要解决这类故障必须先对它们有充分的了解。

一、车身漏风

1. 导致车身漏风的因素

车身漏风是由于车身密封不严所造成的，漏风常常会伴有风哨故障，对于产生漏风的主要原因分析如下。

（1）维修不合格

车辆发生事故后，常常会更换某些零部件如车门，一般车门密封条都是通过双面胶粘贴到车门壳体上的，粘贴密封条时完全靠维修技师的经验，如图4-17所示。如果密封条粘贴太靠里就会导致车门密封不良，出现漏风、漏水等问题。另外，更换车门后需要对车门与车框之间的缝隙进行调整，这个调整不仅会影响车辆的美观，还与车门的密封性息息相关，如图4-18所示。由于车门调整不到位，关上车门后，车门密封条与门框之间依然有一道缝隙，导致车门漏风。

提示

车门密封条要粘贴在适当的位置，如果太靠外会导致车门关闭困难，太靠里会导致车辆密封不严。

图4-17 粘贴车门密封条

图4-18 车门关闭后的缝隙

（2）密封条老化

众所周知，密封条是橡胶件，橡胶件属于易损件，长时间暴晒、磨损等会导致密封条老化，如图4-19所示。由于密封条老化失效后会失去密封效果，导致出现漏风、漏水问题。

（3）车辆设计缺陷

虽然车辆在设计、制造时会进行很多测试，但是由于汽车制造的复杂性，出厂后依然会存在很多问题，其中就包括漏风问题。一般同一批次制造的车辆出现的问题基本相同，所以如果同一批次车辆设计制造存在缺陷，生产厂家会统一召回处理。

图4-19 密封条老化

2. 检查及处理方法

一般来说，车辆漏风主要是由密封问题引起的，我们重点通过车门漏风讲解漏风的检查及处理方法。车门发生漏风问题时，同样需要进行路试。我们知道漏风故障常常伴有风哨的出现，那么漏风的检查方法也和风哨检查方法相同，同样也有手推（拉）法和密封法。

（1）手推（拉）法

车辆高速行驶，必须关闭所有车窗玻璃，当感觉某一部位漏风时，可用手推车窗玻璃或拉紧车门，检查是否依然漏风。如果通过推车窗玻璃，漏风消失，则可判断由于车窗玻璃导槽密封不严导致车窗玻璃处漏风，如图 4-20 所示。

（2）密封法

试车检查大体漏风部位，用纸胶带粘贴可疑漏风部位，重点粘贴车门开关及玻璃等之间的缝隙，逐一测试排查，找出漏风位置。

找到漏风位置后要对漏风部位进行处理，处理漏风的方法主要有调整法和更换法。如果车门修复后没有调整到位，可以重新调整车门铰链，使车门密封严密，如图 4-21 所示。

图 4-20　车门玻璃导槽

图 4-21　车门调整

对于密封条老化失效或修复时安装不到位导致的漏风故障，可更换密封条。车门密封条有 2 条：一条粘贴到车门上，另一条卡在门框上，如图 4-22 所示。一般密封条漏风时先更换车门上的密封条，测试是否解决漏风问题，如果漏风问题依然存在，再更换门框密封条。

二、车身漏水

车身漏水对车辆的损伤较为严重，会使车辆

车门密封条　　　门框密封条

图 4-22　车门密封条和门框密封条

发霉，产生异味。严重的将导致车内电气设备出现短路烧毁问题。一般车身漏水不易被发现，只有漏水严重或产生霉味时才会发现，如图 4-23 所示。所以日常维护车辆时要注意检查车辆内部是否有水印、是否有霉味等，如图 4-24 所示，及时发现及时处理。车身漏水主要有天窗漏水、车门漏水、行李舱漏水及空调排水系统漏水。

1．天窗漏水

汽车天窗在给人们带来方便、舒适的同时也带来了很多问题，除了异响之外还会出现漏水问题。而天窗漏水也是车身漏水中最为常见的故障，引起天窗漏水的原因主要有以下几点。

（1）密封条失效

天窗玻璃是可开启的，在设计时边缘都会有一圈密封条，密封条起到密封的作用。但是密封条并不是可以把所有的雨水都挡在车外的，允许有少部分的雨水流到车内，从天窗排水孔流出，如图 4-25 所示。但是如果天窗密封条损伤或老化严重，密封不严，就会有大量的雨水流入车内，此时如果排水孔不能及时将大量流入的雨水排出，会导致雨水漏入车内。

图 4-23　车辆地毯水印

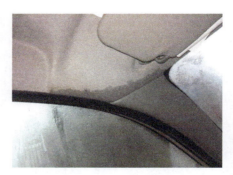

图 4-24　A 柱漏水水印

图 4-25　天窗排水孔

（2）排水管堵塞

从天窗密封条流入天窗框架的少部分雨水会流到天窗框架上的导水槽内，天窗框架的 4 个角分别有 4 个排水孔，如图 4-26 所示。雨水可顺着导水槽流到排水孔，通过排水管流出车外。经常开天窗行驶在风沙严重的地方，会导致泥土等杂物堵塞排水孔。如有雨水流入导水槽而不能及时排除，则会漏进车内，造成车辆漏水。

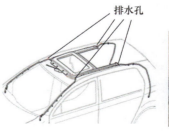

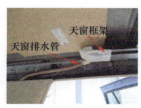

图 4-26　天窗排水管位置

（3）出厂设计缺陷

一些车辆在设计之初并没有充分考虑到不同地方的气候差异。例如，南方降雨量要大于北方，车辆设计时就要考虑增大天窗排水量，导水槽高度要高，以防雨量过多而从导水槽流出，漏入车内，如图 4-27 所示。

当发现天窗漏水时，首先检查天窗密封条是否损伤、老化。关闭天窗玻璃，检查天窗玻璃与车顶闭合是否严密。如果发现天窗玻璃密封条损伤或老化严重，可更换密封条；如果天窗玻璃密封不严，可调整天窗玻璃使其关闭严密。

然后打开天窗，将少量水倒入天窗导轨上的导水槽，观察倒入的水是否会从排水孔流出，如图4-28所示。

图4-27　从导水槽流出的小水珠

图4-28　测试天窗排水是否正常

如果发现排水孔排水不畅，则可对排水管进行疏通。疏通时要注意排水管最下部出水口位置，一般前部出水口位置在车辆A柱下部，打开车门就会发现。有的车型天窗前部出水口在发动机舱内，如图4-29所示。

图4-29　天窗排水管出水口

如果排水管堵塞不严重，可将少量水倒入排水孔，用压缩空气吹天窗排水孔，将排水管疏通。如果排水管堵塞严重，多次用压缩空气吹都不能疏通，则可拆除排水管出水口，检查出水口是否堵塞，如图4-30所示。如果仍然无法疏通，可用铁丝疏通排水管或更换天窗排水管。

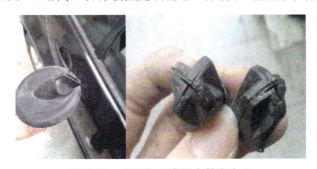

图4-30　不同的天窗排水管出水口

思考

天窗排水管出水口为什么都做成扁嘴状？

最后，拆除车内顶棚内饰，一人在车外喷水，一人在车内观察天窗漏水位置，判断天窗导水槽漏水位置。如发现天窗框架有漏水部位，可将漏水部位清洗后打密封胶处理，等密封胶干后可再次淋水测试，直至漏水问题被解决，如图4-31所示。

总之，雨水从天窗漏入车内要通过3道防线，天窗密封条为第1道防线，天窗框架上的导水槽为第2道防线，而天窗排水管为第三道防线。这3道防线中的任何一道出现问题都会导致天窗漏水。检查及处理天窗漏水的方法也围绕这3道防线进行。

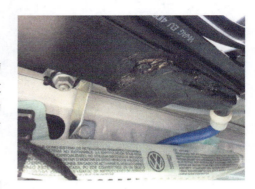

图4-31　天窗打胶密封

2．车门漏水

车门出现漏水的现象较少，导致车门漏水的原因主要是车门密封的问题。车门密封条老化或损伤除出现漏风、风哨等故障之外，还会导致车门漏水，其处理方法与漏风处理方法类似。车门漏水的另一部位位于车门内板密封隔膜处。一般车门玻璃与玻璃外压条之间是允许雨水流入的，如图4-32所示。车门下部有漏水孔将流入的雨水流出。当车门内饰板密封隔膜损伤时，如图4-33所示，流入的雨水就可能会顺着车门内饰板流入车内，所以每次拆卸车门密封隔膜后都要将其安装到位。

图4-32　玻璃流水位置

图4-33　车门内饰板密封隔膜

3．行李舱漏水

行李舱盖与行李舱之间会有一圈密封条，密封条起到密封作用，当密封条失效或车辆发生事故后未修复到位时，就会导致行李舱漏水，如图4-34所示。

行李舱漏水的另一位置是固定尾灯、后杠的螺孔等部位。一般固定尾灯、后杠的螺孔都有密封圈，就是为了防止雨水流入行李舱，如图4-35所示。

图 4-34　行李舱漏水

图 4-35　尾灯密封圈

4. 空调排水系统漏水

　　在现代车辆上基本都配置有空调，在炎炎夏日，坐在凉爽的车内舒适惬意。但是空调在制冷的过程中为了降低车内温度，会进行冷热交换。空气遇冷会凝结成小水滴，同样，空调在制冷时也会产生水滴，生成的水滴会通过空调排水管排出车外。当排水管堵塞或脱落时，就会导致空调排出的水流入车内地毯下面，长时间积累会使车内发霉，产生异味，如图 4-36 所示。

　　从天窗或车门漏入的雨水一般都容易被察觉，但是从空调排水管接口排出的水流入车内却很难被发现，而且会越积越多。所以日常检查车辆时要注意内饰是否有水渍等，还要用手挤压地毯，看是否有积水，如图 4-37 所示。

图 4-36　空调排水管接口

图 4-37　检查地毯是否有积水

　　除了上述介绍的车身漏水故障之外，其实还有很多其他类型的漏水故障，比如风窗玻璃粘接不合格导致风窗玻璃处漏水，车身设计制造或维修时板件之间密封不严也会导致车身漏水，但不管是何种漏水，都要通过喷水测试找到漏水部位，通过密封或调整更换等将漏水问题解决。

三、车内异味

　　新车内饰会放出刺鼻气味，同时车辆内饰长期不注意清理等也会产生异味，这些异味大都是在车内产生的，而车辆因密封不严同样会使异味进入车辆内部，影响乘员舒适度。

其实每部车都不是完全密封的，如果完全密封，则车门很难关闭。一般车身通风口在尾部，如图 4-38 所示。在关闭车门的瞬间，车内部分空气从通风口排出，车身尾部通风口是单向的，只能排出空气而不能吸入空气，这种设计可防止排气筒排出的烟味进入行李舱，最后进入驾驶室。一般通风口损伤会导致车内有排气烟味。

图 4-38　车身通风口

在简单介绍本模块前 2 个学习任务后，我们基本了解了车身异响及车身密封故障的种类、处理方法等，这些故障虽不会影响车身强度、性能，但是对于驾驶员来说是难以忍受的。可见在车身维修后，我们不仅仅要关注车身外观是否维修到位、车身强度是否符合维修要求，也要关注车身维修后是否存在异响、漏风及漏水故障，如此才是正确的维修方式。

> ◻ 知识拓展 ◻

（1）在车身上有很多密封条，但是密封条并不是完全封闭的，上面有很多小孔。

（2）密封条老化后会导致很多故障，日常该如何维护密封条？

> ◻ 任务总结 ◻

微课

车身密封故障

车身密封故障

1. 车身漏风

车身漏风常常伴有车身风哨的出现，漏风的检查方法有手推（拉）法、密封法。处理车身密封故障的方法主要是更换密封件、调整配合间隙等。

2. 车身漏水

车身漏水主要有天窗漏水、车门漏水、行李舱漏水及空调排水系统漏水等。

3. 天窗漏水

解决天窗漏水问题的重点是天窗玻璃密封条、天窗排水管及天窗导水槽的检查及处理。

4. 空调排水系统

空调排水系统因其隐蔽性，容易让人们忽略，是车身漏水故障较容易漏掉的检查项目，处理这类问题时，主要检查排水管是否脱落或堵塞。

5. 车内异味

车内异味除从驾驶室内产生之外，还可从外部进入，车内出现外部异味时，重点检查车身上的通风口是否损伤。

本学习任务所讲述的关于车身密封的故障是车身维修时较为常见的问题，大家要掌握的是车身密封故障的检查方法、分析问题的思路。车身密封问题中漏风是最难以检查的，需要积累经验，所以维修人员进行维修工作的同时也要不断地学习和积累。

□ **问题思考** □

（1）车门漏风的检查方法及步骤是什么？
（2）天窗漏水时该如何检查及处理？
（3）车辆左前门密封条漏水，该如何处理？
（4）发现车辆地毯下有积水，通过淋水测试未发现漏水情况，这是为什么？
（5）车辆发生追尾后，车内闻到一股排气烟味，这是为什么？

学习任务三　其他故障排除

□ **学习目标** □

（1）了解天窗无法关闭的原因及处理方法。
（2）了解车门锁损坏无法打开车门的处理方法。
（3）了解发动机盖锁损坏无法打开发动机盖的处理方法。
（4）了解车钥匙锁在车内的处理方法。
（5）培养学习、工作精细化的态度。

□ **相关知识** □

一、天窗关闭故障

在前面任务的故障分析与排除中，我们了解到汽车天窗可能会出现很多故障，如异响、漏水等，而汽车天窗的故障一般都是综合性的，并不是只有一种类型，在维修时也要综合考虑。例如，由于天窗玻璃调整不到位，导致天窗产生风哨，下雨天也会出现漏水现象，同时还可能出现天窗关闭困难等故障。对于天窗的异响及漏水故障我们已经有所了解，而天窗关闭故障主要是指天窗玻璃无法关闭，这里不过多分析天窗在电器方面的故障问题，而重点分析天窗调整方面的问题。

我们知道天窗关闭是天窗电机间接驱动天窗玻璃在导轨内移动而实现的，如果天窗控制机构无法关闭天窗玻璃，应先检查驱动电机是否工作，如果驱动电机不工作，则可判定为电器方面的故障，可交由机修技师维修处理。天窗电机一般位于车顶控制面内，如图4-39所示。

图 4-39　天窗电机

如果天窗电机工作正常，但天窗玻璃没反应，则可能是由于天窗导轨卡死而无法移动，可拆除天窗大框，清洗、润滑或更换天窗总成。

提示

有些带有天窗的车辆，在发生碰撞事故后侧气帘引爆，侧气帘引爆时的冲击力会导致天窗导轨变形，或在天窗玻璃惯性作用下使天窗滑块脱轨，所以对事故车检查时不可遗漏对天窗的检查。

最常见的天窗玻璃无法关闭的故障是天窗玻璃可以移动，但玻璃无法关闭到位，或关闭后又自动开启，这是由于天窗具有防夹手功能。天窗防夹手功能是指天窗关闭时，遇到阻力后会自动停止或退回，以增加汽车的安全性，如图 4-40 所示。

图 4-40　天窗防夹手功能测试

提示

并不是所有车辆都带有防夹手功能，要具体查阅相关维修手册或资料。

出现这类问题时，首先观察天窗玻璃关闭时在哪个位置触发了防夹手功能，一般天窗防夹手功能导致天窗无法关闭是由于天窗玻璃调整不正确所导致的，可将天窗玻璃固定螺钉拧松，将玻璃重新调整后再测试，如图 4-41 所示。

一般天窗玻璃启动防夹手功能后，其一键关闭功能会失效，这时需通过车辆诊断 ECU 重新匹配恢复一键关闭功能。部分车辆也可手动恢复一键关闭功能，如奥迪系列车型，可长按天窗关闭按钮实现。

汽车上除了天窗具有防夹手功能外，汽车车门玻璃也具有同样的功能，当车门玻璃在上升关闭时，阻力太大也会导致无法关闭。同样也要注意观察玻璃关闭时触发防夹手功能的位置，再重点检查这些位置。

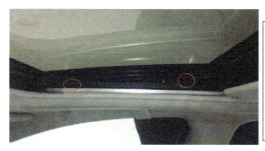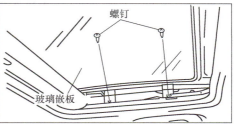

图 4-41　天窗玻璃调整螺钉位置

二、锁类损坏故障

车身上的锁主要有发动机盖锁、门锁及杂物箱锁（部分车辆有），当这些锁出现故障时会给驾驶员正常用车带来不便。如发动机盖锁拉线损坏后，发动机盖将无法打开。

1. 门锁故障

车门作为汽车车身的一个重要组成部分，要满足人和货物的进出，具有密封性，使车身内部与外界隔离，另外要求车门安全可靠，行车或发生碰撞时车门不会自动打开，碰撞发生后能正常开启，具有良好的防盗性。

为满足这些要求，除需要车门及车身有合理的结构和适当的强度外，还要求有安全可靠的锁系统。锁体和锁扣系统由啮合部分和操纵部分组成。啮合部分的常见结构有转子卡板式和齿轮齿条式。由于卡板式锁啮合可靠，可以承受较大的载荷并对装配要求较低，所以被普遍采用，如图 4-42 所示。

门锁常见的故障为车门关闭后无法打开，下面以后门锁为例介绍门锁损坏故障的解决方法，前门锁损坏的处理方法与后门锁类似。

（1）检查车辆儿童锁是否打开，正常车门从里面或外面都可以打开，当儿童锁开启后，后门只能从外面打开，而从里面打不开，如图 4-43 所示。门锁损坏后，可能从外面打不开，将儿童锁关闭，试着拉动里面的门把手开关打开车门。

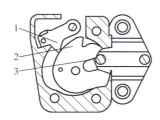

图 4-42　卡板式锁结构图

1—卡板；2—转子；3—锁柱

图 4-43　儿童锁开关位置

（2）可使用诊断仪连接车身 ECU，现代车辆多为全车 ECU 控制，通过操作诊断仪可使门锁打开。

（3）如果门锁线路有问题，可打开前车门，从 B 柱将后门总线插头拔下，查阅维修手册，找到对应的针脚，单独通电后可打开门锁，如图 4-44 所示。

（4）如果故障为机械故障，则必须撬动门锁卡板，使车门打开。操作方法有 2 种：一种方法是从车门外在手孔处用螺丝刀撬开门锁卡板；这种方法仅适用于部分车型，如老款奥迪 A6L，如图 4-45 所示；另一种方法是将后座椅拆除，强制从里面将后门内饰板拆除，拆除后就可看到后门锁，然后将其撬开。

图 4-44　后门线束插头

图 4-45　奥迪 A6L 后门锁机械故障打开方法

2. 发动机盖锁损坏

发动机盖通过发动机盖锁锁位固定，一般车辆都装有一把发动机盖锁，但也有部分车辆左右各装一把发动机盖锁，如图 4-46 所示。发动机盖锁的结构较为简单，如图 4-47 所示，大部分车辆的发动机盖锁的开启方式为拉线控制，拉线开关位于主驾驶仪表板下，拉线为钢丝制作，当拉线生锈或拉力过大时，可能拉断拉线，此时发动机盖将很难打开。

图 4-46 发动机盖锁（一）

不同车辆的发动机盖锁拉线断裂后的解决方法不同，但都要想办法撬动锁的卡板，使锁打开。主要方法有以下几种。

（1）拆除前杠中网，一般车辆前杠中网是通过卡扣卡到前杠上的，如图 4-48 所示。只需从外部用适当的拉力，就可拆除。拆除中网后就能看到发动机盖锁，用螺丝刀将锁撬开。

（2）如果中网内有固定螺钉则无法拆除，这时可将车辆举升，拆除发动机下护板，用 1 根较长的硬铁丝做 1 个钩子，从下部将锁钩开，如图 4-49 所示。

图 4-47 发动机盖锁（二）

图 4-48 拆除前杠中网　　　　图 4-49 拆除发动机下护板

（3）如果发动机盖有左右 2 个锁，且从下部也无法打开，则可拆除左前轮及左前轮内衬，这时可看到发动机盖锁及拉线，拉动拉线外皮看发动机盖是否能拉开。也可用螺丝刀等工具将锁撬开。

总之，因车型不同，拉线断后要打开发动机盖的方法也不同。要特别熟悉车身前部的结构、固定方式、原理等，才可能正确地处理好这类故障。

三、车钥匙锁车内

现在中央控制门锁系统在汽车上的应用越来越普及，不仅提高了汽车的防盗安全能力，而且使驾驶变得更加方便与舒适。在同系列书的《汽车车身维修技术基础（钣金部分）（AR版）》中我们已介绍过中控门锁系统，其中中控门锁系统有一功能就是车辆关闭所有车门后会自动落锁，锁上所有门锁。而有部分车辆如果将钥匙拔下后放在车内，关闭车门后，也有可能会自动落锁。所以在维修汽车时，要随手将车钥匙拿出。如果将车钥匙锁在车内，则可用以下方法解决。

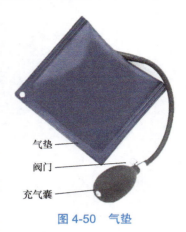

气垫
阀门
充气囊

图4-50　气垫

（1）使用备用钥匙。一般车辆都有2把钥匙，当有一把锁车内时，可用另一把将车门打开。

（2）使用气垫。气垫如图4-50所示，将气垫慢慢插入到车门与门框的缝隙中，用充气囊充气后，气垫膨胀，将车门撑开一定的缝隙。此时用细铁丝做一个较长的钩子，将锁在车内的钥匙钩出。

提示

用铁丝钩钥匙时，一定要注意钥匙快从门缝钩出时很容易掉落，最容易掉落到座椅和车门之间，导致很难再钩上。

（3）找正规开锁公司。如果无法钩出钥匙，可找正规开锁公司，开锁公司有专业万能钥匙等工具，利用这些工具可将车辆打开。

（4）如果无法采用上述办法，只能将车门玻璃砸碎，将钥匙取出后，再更换车门玻璃。

思考

在砸车身玻璃时，大家知道一般哪块玻璃较为便宜吗？

随着科技及汽车的不断发展，汽车钣金维修也逐渐从车身整形、校正等向汽车故障排除、汽车电气设备维修等多元化方面发展。因此我们不仅要充分掌握车身结构维修的基础知识，也要了解汽车的新技术、新工艺，才能跟上时代的脚步，在故障排除时才会做到更全面的思考，才能制订出更合理的维修方案。

□ 知识拓展 □

（1）开锁人员需要在公安部门备案后才可进行开锁工作，不得私自开锁。

（2）行李舱锁损坏的打开方法与车门不同，部分车辆可从乘员室进入行李舱内，然后将锁打开。

◻ 任务总结 ◻

微课

其他故障排除

其他故障排除

1. 天窗无法关闭

天窗无法关闭应先检查天窗电气设备方面的故障，其次判断天窗框架是否损坏、变形。

2. 防夹手功能

一般车辆天窗或车窗玻璃都具有防夹手功能，触发防夹手功能后可能需要重新匹配才有一键关闭功能。

3. 门锁损坏

门锁损坏后要先考虑儿童锁开关，其次是使用诊断仪等设备排除故障，最后再使用强制拆除门内饰的办法。

4. 发动机盖锁拉线断裂

当发动机盖锁拉线断裂后，一般可使用的方法有拆除中网、举升车辆和拆除前轮内衬，然后用专用铁钩将发动机盖锁撬开。

5. 车钥匙锁车内

有些车辆有自动落锁功能，在维修车辆时，要随时将车钥匙取出，防止车门落锁。如果钥匙锁在车内可使用备用钥匙打开车门，或使用气垫将车门撑开，用铁丝将钥匙钩出，也可找正规开锁公司将门锁打开。

6. 综述

钣金维修不当或者未达到车身标准数据值，会引起很多连锁问题，如车顶修复不到位导致天窗无法关闭。上述只是一些常见问题，因此在钣金维修时我们需要扎实的技术以及强大的责任心。

◻ 问题思考 ◻

（1）天窗无法关闭时该如何检查？

（2）发动机盖拉线断裂后有哪些方法打开发动机盖？

（3）门锁损坏后无法打开车门，该如何处理？

（4）车辆在外地，车钥匙锁车内（未带备用钥匙），该如何处理？

学习任务四 车身修复终检

········□ 学习目标 □········

（1）了解车辆诊断仪的使用。
（2）知道如何检查车辆外观。
（3）知道如何检查车辆电气设备。
（4）掌握汽车车身修复终检内容。
（5）养成严谨的工作态度和精益化车身检测与校正意识。

········□ 相关知识 □········

一辆事故车，从进入维修车间到维修完毕，可能需要很长时间。为提高车辆维修质量，降低返修率，在维修时要不断自检。整个车辆维修完毕后，还必须要有最后的检查，即终检。终检是对维修车辆的全车综合性的检查，是交付客户之前的最后检查。车身修复终检主要是对钣金维修时可能出现的问题做全面检查，这里不涉及机电维修检查及喷漆维修检查。

车身修复后终检的项目主要涉及钣金维修电器的检查、车身外观检查及配合间隙的检查等。检查的先后顺序可自己决定，但为了防止遗漏，最好遵循从前到后、从里到外的顺序。

一、使用诊断仪检测

现在汽车大都由全车 ECU 控制，当车辆某些部件出现电气方面的故障时，会将故障码存储在 ECU 中，维修技师只需通过专用诊断仪连接全车 ECU 就可读取数据，从而得知车辆出现的电气故障是什么。使用诊断仪获取故障码的方法使车辆维修检查变得极其方便。

1. 汽车诊断仪的认知

汽车诊断仪又称为汽车解码仪，它具有对汽车整个电控系统进行故障诊断、故障码清除、动态数据流读取、元件测试和控制单元编码的功能。汽车诊断仪一般分为汽车制造厂专用解码器（如大众的 V.A.G1551、福特的 IDS 等，如图 4-51 所示）和市场上的通用型汽车诊断仪（如元征 X431、博世 KTS 系列和金德 KT600 等，如图 4-52 所示）。

图 4-51　大众 V.A.G1551 诊断仪

图 4-52　金德 KT600 通用诊断仪

2．汽车诊断仪的使用方法

使用汽车诊断仪可快速地检查维修车辆是否有插头漏插或线路故障等方面的问题，不需要维修人员一项一项地拆开检查，对车身修复后的终检有极大的帮助。我们以通用诊断仪X431为例，介绍诊断仪的大概使用方法。

（1）关闭汽车点火开关，找到汽车诊断接口的位置，连接诊断仪，如图4-53所示。汽车诊断口大部分在仪表板下面加速踏板附近，一般在诊断仪的使用说明书中含有各种车型的安装位置指南。汽车诊断仪插头一般有连线和蓝牙2种类型，如图4-54所示。

图4-53　连接诊断仪

图4-54　诊断仪蓝牙插头

（2）打开点火开关至"ON"挡。

（3）打开诊断仪，选择"车云诊断"系统，单击进入后选择"车系"，如图4-55所示。

图4-55　车辆诊断

（4）单击"全车状态收集"，或者点击需要查询的模块（如"发动机系统"），如有故障码，在排除相应故障后，消除故障码，如图4-56所示。

图4-56　读取车辆故障码

通过使用诊断仪检测维修完毕后的车辆，可判断车辆电气设备的维修状况，如有问题可及时维修处理，保证维修质量。

提示

　　车辆诊断仪还有很多功能，具体操作可向机电维修技师学习。需要注意的是，对于钣金修复而言，使用车辆诊断仪仅能够检查与电气相关的部分（如电气开关、接线等），对于纯部件修复的部分是无法检测的，处理这一部分的问题时，需要采用别的方法。

二、电器检测

　　诊断仪可快速检查车辆电气设备有无故障，但却不是万能的，如大灯灯光亮度不同，诊断仪无法判断，所以车身维修后某些电气设备还需维修技师人工检查。检查时先打开点火开关，按从前到后的顺序进行。

1. 大灯检测

　　大灯检测有专用检测仪，将大灯检测仪置于车辆前部，调整好距离及位置，对准大灯后分别检测左前大灯和右前大灯。判断远、近光的亮度、照射高度、宽度等，并将其调整到正确位置，如图4-57所示。

提示

　　大灯灯光一般要将大灯故障码删除后再调节，如果调节完毕后再删除大灯故障码，灯光还会发生改变。

2. 大灯清洗

　　很多高端车都配备有大灯清洗功能，如图4-58所示。打开大灯灯光，保证车辆玻璃水充足，扳动刮水器清洗功能开关不放，持续大约3s后，向大灯自动喷水。检查时注意看左、右大灯清洗是否工作，喷水是否正常，喷水盖是否回位等。

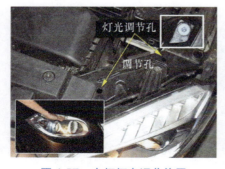

图4-57　大灯灯光调节位置

图4-58　大灯清洗

3. 雷达

雷达分为前雷达和后雷达，雷达的线路问题我们可使用诊断仪检查，而一般不管是前部雷达或后部雷达都分布有4个，如图4-59所示。4个雷达的接线必须按顺序连接，不能颠倒。大部分带雷达的车辆可关闭倒车雷达。检查雷达时，将倒车辅助开关打开，如图4-60所示，然后将车辆挂入倒挡，在车辆前部或后部放置障碍物，看雷达是否发出"滴滴滴"的警告音或有图像显示（部分车辆有）。可通过耳朵听、手指触摸的方法，判断单个雷达的工作状况。将耳朵靠近雷达，能听到"哒哒哒"的声音，说明雷达工作；用手指轻轻触摸雷达表面，会有轻轻敲击的感觉，也说明雷达工作。

图 4-59　车辆前、后部雷达

图 4-60　倒车辅助开关

4. 刮水器

长按刮水器开关，检查刮水器摆动是否正常，判断刮水器刮水是否干净。并观察刮水器喷水高度是否正确，检查刮水器喷水管是否有漏水现象。

提示

除了前刮水器外，越野车等部分车型还配有后刮水器，检查时不要遗漏。

5. 车门玻璃

首先将主驾驶车窗玻璃锁开关关闭，如图4-61所示。分别检查4个车门玻璃升降开关是否可以控制玻璃升降，观察玻璃升降是否到位，升降速度是否正常，是否在升降时有异响等。对于配有一键关闭功能的汽车，还需检查一键关闭功能是否起作用。

6. 天窗

天窗的检查主要是对天窗玻璃及天窗遮阳帘（或遮阳板）的检查，开启或关闭天窗，观察天窗玻璃行程是否正常，并测试天窗一键关闭功能是否可以使用。注意天窗在运行时是否有异响等。天窗遮阳帘一般分为电动和手动2种，如图4-62所示。检查电动遮阳帘时要注意其运行是否正常，检查手

图 4-61　车窗玻璃锁

动遮阳帘时用手移动遮阳帘，判断移动时是否费力等。

7. 车内音响

打开汽车收音机，把声音调高和调低，分别听四门音响及行李舱音响的音调是否正常，检查有没有音箱没有声音，部分车辆后车门或行李舱不安装音响。

8. 行李舱盖

大部分车辆行李舱盖是手动关闭或开启的，但高端车一般都配有电动行李舱盖，如图 4-63 所示，开启或关闭行李舱开关，行李舱会自动开启或关闭。检查时注意观察行李舱盖关闭是否到位，开启时是否有崩弹的现象等。

图 4-62　汽车电动遮阳帘

图 4-63　电动行李舱盖

9. 车辆尾灯

将车辆尾灯全部打开，观察车辆尾灯是否有不亮的。有些车辆后保险杠上的灯为反光罩，不会亮，如图 4-64 所示。

10. 全车锁

车辆全车锁一般指门锁、行李舱锁、杂物箱锁（部分车辆有）及油箱盖锁。关闭所有车门，用电子钥匙锁车后检查所有车门是否锁闭，油箱盖锁是否已锁。之后再打开车辆锁，看车辆锁是否可以全部开启。用机械钥匙锁车，判断方法相同。车辆钥匙如图 4-65 所示。

图 4-64　车辆尾灯

图 4-65　车辆钥匙

 提示

有些高端车的车钥匙长按锁车键可关闭所有车窗玻璃。

车身钣金维修电器方面的检查除以上所介绍的之外还有很多，但不管怎样，在维修后的检查都要有一定的顺序，防止检查时有所遗漏。

三、车身外观检查

钣金维修的重点之一就是对车辆形状的修复，维修后检查的重点也是对外观及间隙的检查。一般通过对车辆外观的观察，就能够判断出车辆钣金维修质量的好坏，可见车辆外观的检查对车辆维修检查的重要性。车身外观检查主要是对车身筋线的检查、板面的检查及配合间隙的检查等。

1. 车身筋线的检查

车身筋线不仅起到美观的作用，还可提高板件的强度，不同汽车品牌的车身设计筋线有各自的风格。车身筋线的检查主要有以下 2 个方面。

（1）对称性检查

汽车车身具有左右对称性，检查筋线时要观察车辆筋线形状是否左右相同，左右筋线起点到终点的具体位置是否一致，如图 4-66 所示。

（2）流畅性检查

检查单个板件内及板件与板件之间的筋线是否流畅，检查全车筋线是否在一条直线上，如图 4-67 所示。

图 4-66　车身筋线对称性

图 4-67　筋线检查

2. 板面的检查

板面的检查与车身筋线的检查相似，主要检查左右对称性、单个板面平整性等。重点检查板面弧度是否顺畅，板面内是否有坑包等，如图 4-68 所示。

3. 配合间隙检查

车身上有很多的间隙，这些间隙有大有小，如后保险杠与后翼子板之间的间隙很小，而后翼子板与后车门的间隙较大，如图 4-69 所示。对间隙的检查主要在于左右保持一致性，上下要均匀，如图 4-70 所示。不同车型各部位间隙的大小都有规定，也可通过左右间隙一致性来判断。

对板件配合间隙的检查不仅要在对应部件关闭后进行，也要看对应部件开关时是否正常，如对发动机盖的检查，拉开发动机盖，检查发动机盖是否会自动弹开一定缝隙；对前车门的检查，打开前车门，观察前车门是否与翼子板摩擦，如图 4-71 所示。

图 4-68　板面的检查

图 4-69　车身间隙

图 4-70　间隙上下不均匀

图 4-71　与前翼子板摩擦

四、终检测试检查

对于某些故障，我们无法直接检查，需要进行测试性的检查，钣金维修后的测试检查主要有漏水测试及路试等。

1. 漏水测试

将车门及门窗等关闭，用水冲洗车辆约 10min，10min 后观察车辆内饰是否有水印。对驾驶室的检查重点是观察前风窗玻璃、天窗玻璃及车门等部位是否有漏水现象。对行李舱内检查时，可将行李舱侧面的饰板或行李舱地板拉开，看内部是否有水印或水珠等，如图 4-72 所示。

2. 路试

路试主要分为低速路试和高速路试。低速路试时，寻找一段颠簸路面，车辆在颠簸路面上行驶时注意车身各部位是否有异响等，如图 4-73 所示。

图 4-72　行李舱漏水检查

图 4-73　颠簸路面路试

高速路试时，将车辆开到一段高速路上，检查车辆高速行驶时是否有漏风及风哨等故障，判断车辆是否在高速行驶时跑偏等。

车辆的终检内容有很多，虽然在这里列出了一些项目，但依然有很多项目需要检查。由此可见，在维修时，我们需要注意的地方有很多，在维修过程中也要不断自检，提高维修质量，就会降低终检时出现问题的概率。

提示

一个优秀的钣金修复技师不仅要技术全面，还要具备和机电技师合作的能力。只有这样，才会代表企业共同将客户的车辆修复好。

▫ 知识拓展 ▫

（1）有些车辆倒车辅助系统有倒车摄像头，检查时也要注意。

（2）对车辆外观间隙的检查可使用塞尺精确测量。

（3）很多规范企业都有一套终检的标准程序和文档表格，读者可参阅相关资料。

▫ 任务总结 ▫

微课

车身修复终检

车身修复终检

1. 诊断仪

通过车辆诊断仪可初步判断出车辆维修时电器方面的故障等，使用诊断仪时先打开点火开关，将诊断仪连接车辆诊断口，选择对应车型或输入车架号后就可读取车辆故障码。

2. 电器检测

维修后的车辆后对相关电器的检查主要有大灯检测、大灯清洗及雷达、刮水器、车窗玻璃、音响、行李舱盖、后尾灯及全车锁等的检查。

3. 大灯检测

大灯检测主要是检测大灯远、近光的亮度、照射高度及宽度等内容。

4．外观检查

车身外观检查分车身筋线检查、板面检查及配合间隙检查。

5．车身筋线检查

车身筋线检查要注意车身筋线的对称性及流畅性等。

6．间隙检查

车身间隙一般左右对称并且上下间隙均匀。

7．漏水检查

向车身冲水约10min之后观察车辆内饰等是否有水印，检查天窗、风窗玻璃、车门及行李舱是否漏水。

8．路试

在颠簸路面测试车身是否有异响，高速行车检查车辆是否有漏风、风哨等故障，并判断车辆是否跑偏。

车辆维修的质量很大程度是由终检来控制的，很多车辆维修厂很少细致地对维修后的车辆做全面的检查，但实际上维修质量的好坏能够决定维修企业的未来。所以在维修时注意自检，维修后要有完整的终检，从而保证维修质量。

□ 问题思考 □

（1）简述车辆诊断仪的用法。
（2）车身维修后对车辆的终检包括哪些？
（3）对车辆电器方面的检测有哪些？
（4）如何检测车辆灯光？
（5）车身外观检查包括哪些内容？
（6）路试检查主要检查哪些内容？

2017 年全国职业院校汽车专业教师 能力大赛维修钣金赛项资料

一、预赛部分

1. 项目 1

（1）项目名称：钢制钣金件修复

要求选手在规定时间内，对小型乘用车左前翼子板（见附图 -1）上的长 10cm、宽 8cm、深 1cm 的条形凹陷（漆膜已破坏）进行修复，如附图 -1 所示，凹陷损伤在车身筋线上。

该项目旨在考查选手对钢制钣金件修复工艺流程，健康安全防护措施，凹陷部位分析，打磨、修复技术，工具设备使用，作业规范，行为规范等的掌握程度。

（2）项目实施所需设备与工具

附图 -1　待修复左前翼子板

编号	器材名称	型号及规格	数量	备注
1	钣金快修组合套装	含整形机、手锤套装、整形架等	1套	
2	双向钣喷架		1个	
3	钢制翼子板	左前翼子板	1个	
4	手锉套装	规格：14寸（1寸≈0.033m。）	1套	
5	测量卡尺（样规）		1套	自制
6	劳保用品	口罩、耳塞、防护眼镜、防滑手套等	1套	
7	耗材	打磨材料、清洁材料等	若干	

（3）钢制钣金件修复评分要点

项目	分值比例	评分要点
安全防护	5%	规范的作业安全防护
作业规范	10%	符合标准要求的作业流程和规范

续表

项目	分值比例	评分要点
工件质量	75%	维修区域板面不能高于原表面，不能低于原表面1mm，板面不能出现孔洞，修复后不存在板面崩弹现象，板面平整度符合规范
设备使用	5%	设备参数符合要求，各种工具使用符合规范
行为规范	5%	符合安全操作规程；爱惜设备工具，保持工位整洁；遵守赛场纪律，尊重裁判及工作人员等

2. 项目2

（1）项目名称：模拟门槛更换

要求选手在规定时间内对提供的钣金件完成测量画线、切割、钻孔、焊接等操作（见附图-2）。

该项目旨在考查选手对车身钣金件更换工艺流程，健康安全防护措施，测量、切割、钻孔、焊接技术，工具设备使用，作业规范，行为规范等的掌握程度。

（2）项目实施所需设备及工具

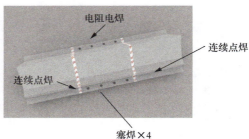

附图-2　待处理钣金件

编号	器材名称	型号及规格	数量	备注
1	气体保护焊机		1台	
2	电阻点焊机	L-9900	1台	共用
3	焊烟净化器	移动式	1台	
4	气动切割锯		1台	
5	气动钻		1台	
6	焊点削钻机	8mm钻头	1台	
7	打磨机	单动		
8	砂带机	规格：10mm×330mm	1把	
9	量具	500mm直尺、300mm直角尺	1支	
10	相关工具	斜口钳、钢丝刷、划针、定位冲、钣金锤	各1	
11	錾子	规格：7/合金钢	1把	
12	吹尘枪	笔式/配佩釜快速接头使用	1把	
13	焊接定位夹具		1套	
14	钳具	11寸C型大力钳2把 10寸圆嘴大力钳2把	1套	
15	焊接防护用品	焊接手套、焊接工作服、焊接面罩	1套	
16	劳保用品	口罩、耳塞、防护眼镜、防滑手套等	1套	
17	耗材	组合工件、试焊钢板、锯片、砂带、砂纸、锌喷剂、清洁剂等	若干	

（3）模拟门槛更换评分要点

项目	分值比例	评分要点
安全防护	9%	规范的作业安全防护
作业规范	18%	符合标准要求的作业流程和规范
工件质量	63%	钣金件切割：切割整齐，未伤及地板。 钻除焊点：未伤及地板，并不偏离焊点。 钣金件钻孔：符合孔径要求，并不偏离要求位置。 电阻点焊：焊点不偏离要求位置，焊点熔核呈银白色圆形且焊点熔核直径≥4mm。 塞焊：正面焊疤直径为9～12mm；背面焊疤直径≥8mm；正面焊疤高度≤3mm，背面焊疤高度≤1.5mm，不存在未焊满/焊缺/焊漏现象。 连续点焊：焊道正面宽度为4～7mm，高度≤3mm；焊道背面宽度为1～4mm，高度≤1.5mm；不存在熔穿、未熔透、气孔、钣金件变形、钣金件接合高低差异、焊接缺口等
设备使用	5%	设备参数符合要求，各种工具使用符合规范
行为规范	5%	符合安全操作规程；爱惜设备工具，保持工位整洁；遵守赛场纪律，尊重裁判及工作人员等

二、决赛部分

1. 项目名称：发动机舱损伤评估

在真实工作情境中进行。要求选手在规定时间内先对发动机舱结构进行测量并记录数据（共 10 对测量点），然后根据数据依据标准进行损伤评估分析，制定维修方案，设计维修工艺，并填写答题卡。

该项目旨在考查选手对车身测量工艺流程、测量技术、损伤评估分析、维修方案制定、维修工艺设计等的掌握程度。

2. 项目实施所需设备及工具

编号	器材名称	型号及规格	数量	备注
1	轨道式量规测量仪	二维	1套	
2	白车身	三厢新赛欧	1台	
3	普通量具	卷尺、不锈钢直尺	1套	
4	劳保用品	口罩、耳塞、防护眼镜、防滑手套等	1套	

3. 项目评分标准

发动机舱损伤评估评分标准

操作过程	评判明细
1. 安全防护（5分）	作业时未穿安全鞋扣2分 作业时未戴安全帽扣2分 作业时未穿戴手套扣1分

操作过程	评判明细
2. 作业规范（10分）	作业前未进行定损确定该车辆受损区域测量点扣1分
	作业前未对二维测量仪（量规）进行检查校准扣2分
	未将量规放置在水平平面上调整两边端柱，未使其高度一致扣2分
	作业过程中，造成工具或设备损坏现象扣2分
	测量时操作不正确，手握量规两端进行测量扣3分
3. 行为规范（5分）	作业过程中工具掉落一次扣1分，3分扣完为止
	操作完成后将设备、工具放回原处，摆放整齐，在规定时间内，一件工具未摆放原处或未摆放整齐扣1分，2分扣完为止；规定时间内未完成作业的，此项不得分

完成效果	评判明细				
任务一 车身二维测量 （30分）	正确测量10对测量点（每个数据3分，误差＞±3mm不得分，误差为±（2～3）mm得1分，误差为±（1～2）mm得2分，误差≤±1mm得3分）根据选手工单记录进行评分				
	A—a	B—b	C—c	D—d	E—e
	F—f	G—g	H—h	I—i	J—j
任务二 损伤评估分析 （23分）	第一题 （2分）	第二题 （2分）	第三题 （3分）	第四题 （3分）	第五题 （3分）
	是否需更换部件判断错误扣1分，原因分析错误扣4分				
	错误分析损伤情况扣2分，错误判定变形方向扣3分				
任务三 维修方案制定 （27分）	第一题 （2分）	第二题 （2分）	第三题 （2分）	第四题 （2分）	第五题 （2分）

	方案合理性 （12分）	□固定锚定夹座并进行调整使其高度一致　（1分） □准确描述校正平台锚定夹座摆放位置　（1分） □拉伸校正时使用钢索将夹具与车体固定　（1分） □拉伸校正时检查链条是否发生扭转　（1分） □多点拉伸修复（辅助拉伸、复合拉伸）　（1分） □准确描述校正拉伸方向　（3分） □准确描述消除拉伸应力的方式　（2分） □上述未涉及但有益于校正工作的其他内容　（2分）
	综合情况 （5分）	□条理性（清晰的思路、完整的表述）　（4分） □字迹工整　（1分）

4．项目解决方案

数据测量略。

发动机舱损伤维修方案。

（1）穿戴工作服、安全鞋、安全帽及手套等。

（2）进行发动机舱初步损伤情况评估。

（3）拆除损坏及维修时需要拆除的配件，并对汽车进行断电断油处理。

（4）根据具体情况判断该车是否上大梁校正仪。

（5）确定上大梁校正仪后，利用卷扬机或推的形式将车辆移到校正仪平台上，应注意安全，防止车辆移动过程中造成人员伤害。

（6）调整固定车辆，按照损伤位置确定夹具固定位置，通常情况夹具固定于 4 个举升点位置处，将车身底大边夹具高度调整一致，并确保固定牢固。

（7）测量发动机舱具体尺寸，可以使用电子测量也可使用机械测量，如果是用量规测量则要对量规进行检查校准，将量规放置在水平平面上调整两边端柱，使其高度一致。测量时注意不要手握量规两端进行测量。测量后与标准尺寸对比，分析发动机舱变形情况，制定出拉伸校正方案（原则是先损伤处后修复，后损伤处先修复）。

（8）将液压塔柱移至拉伸校正处，判断、调整好拉伸方向。选择正确的夹具将链条固定在车身校正位置（注意：链条不能扭转，必须是在同一直线上），再用保险绳将链条与车身进行连接（以防拉伸过程中链条或夹具脱落飞出）。

（9）如在拉伸过程中需要有辅助拉伸，可以利用另外的液压塔柱或校正平台连接链条辅助拉伸。

（10）拉伸过程中可以通过敲击变形处的方式一边拉伸一边释放应力。但注意拉伸过程中维修人员不能出现在塔柱后方区域，以防链条脱落、断裂飞出伤人。

（11）拉伸时可以进行实时测量以判断拉伸情况，根据测量结果来确定拉伸力度等。

（12）将大的变形拉伸修复后就可以用配件复位法配合精修，通过复位对比法检验并提高修复校正的精准度。

（13）校正修复完成后拆除配件，根据情况焊接需要加固的位置。

（14）焊接完成后打磨焊接部位并对需要打胶的部位进行打胶处理。

（15）最后对焊接维修部位的内部进行防腐处理。

（16）完成以上工作后去掉固定夹具将车辆安全移下校正平台，进入后续处理。

（17）进行现场 7S 工作，恢复工位。